Schriften
des
Vereins für Sozialpolitik.

135. Band. Vierter Teil.

Untersuchungen über Auslese und Anpassung (Berufswahl und Berufsschicksal) der Arbeiter in den verschiedenen Zweigen der Großindustrie.

Dritter Band.

Vierter Teil.

Verlag von Duncker & Humblot.
München und Leipzig 1912.

Auslese und Anpassung der Arbeiterschaft der geschlossenen Großindustrie.

Dargestellt
an den Verhältnissen einer Luckenwalder
Wollhutfabrik.

Von

Dr. Elise Herrmann.

Verlag von Duncker & Humblot.
München und Leipzig 1912.

Alle Rechte vorbehalten.

Altenburg
Pierersche Hofbuchdruckerei
Stephan Geibel & Co.

Auslese und Anpassung der Arbeiterschaft der geschlossenen Großindustrie.

Dargestellt an den Verhältnissen einer Luckenwalder Wollhutfabrik.

Von

Elise Herrmann.

Vorwort.

Der Zweck der vom Verein für Sozialpolitik ausgehenden Erhebung über „Auslese und Anpassung (Berufswahl und Berufsschicksal) der Arbeiterschaft der geschlossenen Großindustrie" ist mit Max Webers Worten[1]: „die gegenwärtige Erhebung versucht festzustellen, welche Einwirkung die geschlossene Großindustrie auf persönliche Eigenart, berufliches Schicksal und außerberuflichen Lebensstil ihrer Arbeiterschaft ausübt, welche physischen und psychischen Qualitäten sie in ihnen entwickelt, und wie sich diese in der gesamten Lebensführung der Arbeiterschaft äußern, — andrerseits: inwieweit die Großindustrie ihrerseits in ihrer Entwicklungsfähigkeit und Entwicklungsrichtung an gegebene durch ethnische, soziale, kulturelle Provenienz, Tradition und Lebensbedingungen der Arbeiterschaft erzeugte Qualitäten derselben gebunden ist".

Dieser Untersuchung liegt — wie die Veranstalter der Enquete ausdrücklich hervorheben — keine sozialpolitische Absicht zugrunde, sondern es handelt sich darum, gewisse durch wirtschaftliche Tatsachen bedingte Erscheinungen zu erklären und zu verstehen.

Die vorliegende Arbeit versucht eine solche Darstellung für eine Luckenwalder Wollhutfabrik zu geben. Das hierzu erforderliche Material wurde auf folgende Weise gewonnen: während meines zweimonatlichen Aufenthalts in Luckenwalde wurde mir von zwei Fabrikinhabern die Erlaubnis erteilt, während der Arbeitszeit Arbeiter und Meister in ihrer Tätigkeit zu beobachten und meine Fragen an sie zu stellen. Die persönliche Befragung auf Grund eines von den Veranstaltern der Enquete verfaßten Fragebogens bot gewisse Schwierigkeiten; es erschien unmöglich einer organisierten Arbeiterschaft Fragen vorzulegen, die vielfach auf Lohn- und Arbeitsbedingungen Bezug nahmen, ohne

---

[1] M. Weber, Erhebung über Auslese und Anpassung der Arbeiterschaft der geschlossenen Großindustrie. Als Manuskript gedruckt 1908, S. 1.

eine vorherige Verständigung mit der Leitung der Organisation nachzusuchen. Dieser unterbreitete ich deshalb meine Absicht und fand Verständnis und Unterstützung meines Planes in der Weise, daß mir der Ortsvorstand zwei Versammlungen der in Betracht kommenden Fabriken einberief, um den Kollegen Zweck und Ziel der Untersuchung auseinanderzusetzen und sie zur Beantwortung der vorliegenden Fragen aufzufordern. Trotz dieses Entgegenkommens stieß ich bei den Arbeitern vielfach auf Mißtrauen und infolgedessen Verweigerung der Auskunft. Aus diesem Grunde mußte ich die Enquete in der einen Fabrik aufgeben, obwohl mir bereits die Hälfte der Beschäftigten die nötige Auskunft erteilt hatte. Es konnten deshalb diese Ergebnisse, da unvollständig, nicht verwendet werden.

In der anderen Fabrik gelang es mir von fast sämtlichen dort tätigen Arbeitern und Arbeiterinnen — insgesamt 224 — das notwendige Material zu erhalten. Die Fragebogen wurden entweder nach vorheriger Erläuterung von den Arbeitern selbst ausgefüllt, bei der Ablieferung geprüft und eventuelle Nachträge gemacht, oder die Befragung geschah persönlich.

Dieses Material wurde erweitert durch Unterhaltungen mit Arbeitern, Meistern und Fabrikanten; außerdem stellte mir die Fabrikleitung Lohnlisten zur Verfügung, denen die Lohnberechnungen im dritten Teil entnommen sind.

Die vorliegende Arbeit zerfällt in drei Teile: der erste umfaßt eine Darstellung des Produktionsprozesses[1] mit besonderer Berücksichtigung der von den Arbeitern auszuführenden Manipulationen; es sollte auf diese Weise gezeigt werden, welchen Bedingungen, verursacht durch die technisch-ökonomische Organisation der Wollhutindustrie, sich die Arbeiterschaft anzupassen hat.

Der zweite Teil enthält diejenigen Ausleseprozesse, die mir auf Grund des zur Verfügung stehenden Materials festzustellen möglich waren; sie betreffen das Alter, die geographische und beruflich-soziale Provenienz der Arbeiterschaft.

Der dritte Teil zeigt das Berufsschicksal des Hutarbeiters, den ihm gebotenen Arbeitsentgelt, und sein berufliches wie außerberufliches Leben; mit anderen Worten, es wird in diesem Abschnitt versucht,

---

[1] Bei dieser Darstellung handelt es sich nur um den typischen Produktionsprozeß von weichen Herrnhüten und Damenhüten aus Wollfilz.

den Lebensstil der Hutarbeiterschaft aus den von der kapitalistischen Wirtschaftsorganisation geschaffenen Bedingungen zu erklären.

Die Ergebnisse dieser Erhebung sollen keineswegs als typisch für die gesamte Wollhutindustrie hingestellt werden; es scheinen nach einer Anzahl anderer Fabriken, die ich besichtigte und nach Unterhaltungen mit den dort beschäftigten Arbeitern gewisse gemeinsame Tendenzen hier vorzuwalten. Zur Bestätigung dieser Annahme bedarf es jedoch einer umfassenden Untersuchung der gesamten Industrie.

Inhaltsverzeichnis.

	Seite
Vorwort	3
Einleitung. Die Entwicklung der Wollhutindustrie	7
Erster Teil. Der Produktionsprozeß und die an die Arbeiterschaft gestellten Anforderungen der Teilarbeiten	9
Zweiter Teil. Ausleseprozesse nach Alter, geographischer und sozial-beruflicher Provenienz	21
1. Altersaufbau der Arbeiterschaft und der einzelnen Arbeitergruppen	21
2. Geographische und Ortsgrößenprovenienz der Arbeiterschaft und der einzelnen Arbeitergruppen	26
3. Sozial-berufliche Provenienz der Arbeiterschaft und der einzelnen Arbeitergruppen	29
4. Geographische Provenienz der Eltern	33
Dritter Teil. Das Berufsschicksal und der außerberufliche Lebensstil der Arbeiterschaft	34
I. Das berufliche Schicksal	34
1. Ausbildung	34
2. Gründe der Berufswahl	35
3. Stellenwechsel, Berufs- und Ortswechsel; Berufskombinationen	36
4. Dauer der Stellung in der Fabrik; Anteil der Arbeitergruppen an der Berufsorganisation	42
II. Die Lohnverhältnisse	45
1. Die Lohnformen und die Stellungnahme der Arbeiterschaft zu ihnen	45
2. Geschlecht, Arbeit, Alter und Lohnhöhe	49
III. Der Arbeiter im Betrieb	52
1. Die Gruppenbildung der Arbeiterschaft	52
2. Der Arbeiter und seine Vorgesetzten	55
IV. Der außerberufliche Lebensstil der Arbeiterschaft . . .	57
1. Wohnungsverhältnisse	57
2. Zahl der Verheirateten; Kinderzahl, Sterblichkeit und Berufe der Kinder	58
3. Außerberufliche Tätigkeit, Erholungen, Vergnügungen und Lebensziele der Arbeiterschaft	61

Einleitung.
Die Entwicklung der Wollhutindustrie.

Die Wollhutfabrikation beruht auf der Eigenschaft der Wolle des Schafes, der Ziege, des Kamels und einiger anderer Tiere sich durch reibenden Druck in Verbindung mit Feuchtigkeit und Wärme zu verwickeln, verfilzen und dadurch einen festen, schwer zerreißbaren Stoff zu bilden.

Die Herstellung solcher Hüte erfolgte in Deutschland handwerksmäßig bis in die Mitte des 19. Jahrhunderts; hierbei finden wir alle charakteristischen Merkmale der handwerksmäßigen Produktion: den kleinen mit eigner Hand für einen örtlich begrenzten Kundenkreis produzierenden Unternehmer, der entweder mit seiner Familie allein arbeitet, oder mit Hilfe von Gesellen, die den gesamten Produktionsprozeß auf Grund mehrjähriger Lehrzeit beherrschen.

Zu Beginn der sechziger Jahre des 19. Jahrhunderts verdrängen die größtenteils aus England stammenden Maschinen den kleinen Handwerker. Das Großkapital bemächtigt sich der Produktion und heute findet sich nur vereinzelt in Süddeutschland eine handwerksmäßige Herstellung von besonders feinen Hutarten.

Der älteste Sitz der Großindustrie in Deutschland ist Guben, noch heute der bedeutendste. Aus Berlin, das der Industrie zu teure Arbeitsbedingungen bot, zog sie sich mehr und mehr in kleine Provinzstädte: Brandenburg, Kottbus, Sommerfeld, Neudamm und Luckenwalde. Luckenwalde hat sich erst in den letzten zwanzig Jahren einen Namen innerhalb der Hutindustrie, speziell der Wollhutindustrie gemacht. Das erste mit noch wenigen Maschinen arbeitende Unternehmen wurde 1875 gegründet; heute befinden sich dort neun Großbetriebe mit zusammen etwa 2000 Arbeitern.

Der moderne Hutarbeiter unterscheidet sich wesentlich von dem früheren Hutmachergesellen. Die hochentwickelte Technik, mit der parallel eine weitgehende Arbeitsteilung geht, hat den gelernten, den gesamten Produktionsprozeß beherrschenden Arbeiter verdrängt und an seine Stelle den Teilarbeiter gesetzt. Nur die Fabrikhandwerker, also keine eigentlichen Hutarbeiter hatten eine mehrjährige Lehrzeit hinter sich. Für den Hutarbeiter genügt im Höchstfall eine Übungszeit von zwei Monaten, um den Durchschnittsverdienst zu erreichen. Bei den „angelernten" Arbeitern ist dies nach einer Woche bis zwei Monaten der Fall, während der „ungelernte" seine Teilarbeit in einer Woche, meist innerhalb eines Tages beherrscht.

[Die Bezeichnungen „angelernt" und „ungelernt" wurden nicht in der Fabrik selbst gebraucht; sie sind hier zum Zweck einer gewissen Charakterisierung und Gliederung der Arbeitermasse eingeführt.]

Auf das genaue zahlenmäßige Verhältnis von an= und ungelernten Arbeitskräften, ebenso auf die Verschiedenheiten, die hierbei zwischen männlichen und weiblichen Arbeitern bestehen, wird weiter unten eingegangen werden. Wir wenden uns vorerst einer kurzen Schilderung des Produktionsprozesses zu, mit besonderer Berücksichtigung der Frage[1], „auf die Anspannung welcher speziellen Fähigkeiten kommt es bei den konkreten Hantierungen jeder einzelnen Arbeitskategorie an", mit anderen Worten: welche Anforderungen stellt die Hutindustrie an den psychophysischen Apparat ihrer Arbeiterschaft.

Es wird hierbei manchmal ein Eingehen auf die Konstruktion der Maschine unvermeidlich sein; die kurze technische Skizze soll jedoch lediglich dem Verständnis der von dem Arbeiter vorzunehmenden Manipulation dienen.

---

[1] M. Weber, Erhebungen über Auslese und Anpassung der Arbeiterschaft der geschlossenen Großindustrie S. 9.

Erster Teil.
Der Produktionsprozeß und die an die Arbeiterschaft gestellten Anforderungen der Teilarbeiten.

Das wesentlichste Rohmaterial der Wollhutfabrikation ist, wie schon der Name andeutet, die Wolle; und zwar kommt hauptsächlich Schaf- und Lammwolle in Betracht, die teils Deutschland, zum größeren Teil jedoch das Ausland speziell Australien und Südamerika, liefert.

Die zur Verarbeitung eingehende Wolle wird meist in der Wollwaschmaschine einem Reinigungsprozeß unterworfen, um sie von Wollschweiß und sonstigem Schmutz zu befreien. In dieser Maschine wird das Material in einer Lauge mittels großer Gabeln eine gewisse Zeit hin- und hergeworfen; hierauf wird das Rohmaterial in Trockenkammern heißer Luft ausgesetzt, um alsdann zur Zerkleinerung in den Krempelwolf überzugehen.

Bei diesem Waschprozeß handelt es sich für den Arbeiter lediglich darum, die Wolle in den mit Lauge gefüllten Bottich hineinzuwerfen und nach der vorgeschriebenen Zeit wieder herauszunehmen; eine Tätigkeit, die mit von den Färbern ausgeführt wird und keinerlei Geübtheit voraussetzt.

Der Krempelwolf dient der Zerkleinerung und Lockerung der Wolle. Hierzu wird das Rohmaterial auf ein endloses Band gelegt, das es zum „Tambour", einer mit Stahlzähnen versehenen Trommel leitet. Der sogenannte „Arbeiter", eine kleine, ebenfalls mit Stahlzähnen besetzte Walze, deren Fläche sich der Tambourfläche entgegengesetzt bewegt, hält die Wollflocken zurück und öffnet sie. Eine andere Walze, der „Wender", führt etwa vom „Arbeiter" mitgenommenes Material dem „Tambour" wieder zu. Aus den Zähnen desselben wird es dann in weiten Bogen aus dem Wolf herausgeschleudert.

Die am Wolf beschäftigten Arbeiter, kurz Wolfer genannt, haben auf die beständige Versorgung der Maschine mit dem Rohmaterial zu achten, d. h. sie haben in regelmäßigen Zwischenräumen Wolle auf das endlose Band zu legen. Ferner ist die vorn herausfliegende zerrissene Wolle zusammenzukehren und in Körben oder Säcken nach der nächsten Verarbeitungsstation zu bringen. Ist die Tätigkeit der Wolfer noch kombiniert mit dem Transport der Wollsäcke und dem Putzen der Maschinen, wie dies in kleineren Betrieben der Fall ist, so besteht die einzige Vorbedingung dieser Arbeit in einem gewissen Maß körperlicher Kraft, da die Wollballen bis 200 kg schwer sind. Wenn jedoch die Arbeitsteilung so weit durchgeführt ist, daß für den Transport der Wollsäcke und das Putzen der Maschinen spezielle Arbeitskräfte eingestellt sind, so geschieht die Bedienung des Wolfes auch durch Frauen, wie ich dies in einem größeren Betriebe beobachten konnte.

Die gewolfte Wolle muß in den sogenannten Flor verwandelt werden, was in der Vorkrempel geschieht. Diese Maschine ist im Bau ähnlich wie der Wolf; sie hat jedoch mehr „Arbeiter" und „Wender"; ferner sind sämtliche Walzen nicht mit Stahlzähnen, sondern mit feinen Nadelkratzen besetzt. Vom Tambour wird das Material schließlich durch eine größere Walze dem „Peigneur" übertragen und diesem als feiner Flor von einem Metallkamm, dem Hacker, abgenommen. Der Flor rollt sich auf einer großen Trommel zu einem etwa 5 cm dicken Pelz auf.

Die Arbeitsweise an der Vorkrempel ist der am Wolf ganz ähnlich. Die gelockerte Wolle wird der Maschine möglichst gleichmäßig vorgelegt; ferner muß der Pelz von der Trommel abgenommen und zur Wage getragen werden. Diese an sich leichte Arbeit erfordert aufmerksame Arbeiter, da beim Vorlegen der Wolle Gefahr besteht in die Walzen hineinzugeraten. Vielfach hörte ich bei dieser Beschäftigung Klagen über das viele Hin- und Hergehen: „es müsse die Wolle vorgelegt, der Pelz abgenommen und zur Wage getragen werden; so käme man den ganzen Tag kaum eine Minute zum stille stehen."

Mit Vorliebe nimmt man zur Bedienung der Vorkrempel ältere Arbeitskräfte, meist Frauen, deren Ruhe und größere Vorsicht für eine Vermeidung der Unfallgefahr spricht.

Von den Pelzen werden nunmehr gewisse Quanten, 170—450 g, je nach der Größe des herzustellenden Herren-, Damen- oder Kinderhutes abgewogen. Bei diesem Vorgang kommt es auf große Genauigkeit des Gewichts an, da jeder Hut sein bestimmtes Wollquantum enthalten muß. Mithin wird von dem männlichen oder weiblichen Abwieger Zuverlässigkeit und Aufmerksamkeit gefordert. Diese stark monotone Arbeit bringt leichte Erschlaffung mit sich, die verstärkt wird durch beständiges Stehen, das nur selten durch Holen neuer Pelze von der Vorkrempel oder Forttragen abgewogener Wollquanten zur Spinnmaschine unterbrochen wird.

Alle bisher besprochenen Arbeitergruppen — Färber, Wolfer, Krempler und Abwieger — sind ungelernte Arbeitskräfte; nach ihrer eignen, wie der Meister Aussage beherrschen sie den Arbeitsprozeß innerhalb eines Tages; sie werden nach der Zeit entlohnt.

Die abgewogenen Wollmengen gehen nun zur weiteren Verarbeitung in die Konuskrempel oder Spinnmaschine über. Diese besteht wiederum aus „Tambour", „Arbeiter" und „Wender", jedoch ist der Beschlag feiner als der der Vorkrempel, wodurch eine noch feinere Streckung der Wollfaser erzielt wird. Der von der Maschine gelieferte sehr dünne Flor wird auf einen horizontal liegenden sich bewegenden Doppelkegel geleitet, auf dem er sich auf und übereinander wickelt. Auf diese Weise entstehen zwei Hohlkegel aus Wolle, die an der Basis auseinandergeschnitten werden. Jede dieser beiden Hälften oder Fache liefert einen Hut.

Die Konuskrempel wird von zwei Personen bedient: der Vorlegerin und der Spinnerin. Erstere hat das abgewogene Material lediglich der Maschine mit einer gewissen Vorsicht, um der ersten Walze nicht nahe zu kommen, vorzulegen; sie muß darauf bedacht sein das verbrauchte Material sofort durch neues zu ersetzen, damit der Fabrikant nicht durch „Leerlaufen" der Maschine und die im Stücklohn arbeitende Spinnerin nicht durch Zeitverlust geschädigt wird. Jugendlich weibliche Arbeitskräfte werden vorzugsweise für diese leichte, im Stundenlohn verrichtete Tätigkeit eingestellt. Die Vorlegerin versieht in der Regel 2—3 Maschinen mit Pelzen, so daß infolge der vielen Bewegung leicht körperliche Abspannung eintritt.

Die Spinnerin nimmt den feinen Flor in Empfang und legt ihn mit großer Vorsicht auf den Doppelkegel, dessen Bewegungen sie mit den Händen folgt, um den Flor gleichmäßig und glatt auf der Oberfläche des Konus auszubreiten. Ist das für zwei Hüte bestimmte Material verbraucht, so hat sie mit einer Schere das entstandene Fach an der Basis des Doppelkegels zu trennen.

Das Spinnen war von jeher eine weibliche Arbeit, da feine bewegliche Hände ein unbedingtes Erfordernis für die Behandlung des Flor sind und eine Männerhand normalerweise diesen Anforderungen nicht entspricht. Eine Auslese findet also unter diesem Gesichtspunkt bei der Arbeitseinstellung statt. Die Spinnerin muß während der Arbeit in vorgebeugter Haltung vor der Maschine auf und abgehen, wodurch diese Tätigkeit eine der anstrengendsten weiblichen Arbeiten der Wollhutfabrikation ist. — Eine Abwechslung der an sich sehr gleichförmigen Beschäftigung bringt die verschiedene Größe der zu spinnenden Fache mit sich.

Ein direktes Anlernen einer völlig ungeübten Spinnerin durch den Spinnmeister geschieht selten. Meist versuchen die höheren Verdienst erstrebenden Vorlegerinnen spinnen zu lernen; sei es in den Pausen, sei es daß die Spinnerin auf kurze Zeit die Maschine verlassen hat. Das Absehen der Handgriffe bei der arbeitenden Spinnerin erleichtert und beschleunigt den Anlernprozeß insoweit, daß es der als Spinnerin eintretenden Vorlegerin möglich ist innerhalb 2—3 Wochen den Durchschnittsverdienst zu erreichen, was bei völliger Ungeübtheit einige Wochen später eintreten würde.

Das vollkommen wollige Fach wird nun verschiedenen Prozessen unterworfen, um es dichter und widerstandsfähiger zu machen; zuerst gelangt es in die Filzmaschine. Schiebender Druck und heißer Dampf bewirken, daß aus dem lockeren, wolligen Fach der schwer zerreißbare, fest zusammenhängende Filz entsteht. Hierzu stülpt der Filzer das Fach auf einen durchlöcherten Messingkegel und bedeckt es mit einem Stück Leinwand, das in einen eisernen Ring gespannt ist. Dem Kopf des Wattekegels wird durch die Löcher Dampf zugeführt und die aufgespannte Leinwand in Vibration versetzt, wodurch sich der von ihr berührte Teil bis zu einer gewissen Festigkeit verfilzt. Hierauf wird der Kegel flach zusammen und ein Leinenlappen in seine Innenseite gelegt, um bei dem nun auf die Seiten des Faches ausgeübten Druck ein Verfilzen der Flächen zu verhindern. Alsdann wird das Fach zwischen zwei zungenförmige Platten gelegt, dem Dampf und der Vibration ausgesetzt, bis die ganze Fläche des Kegels verfilzt ist.

Schnelligkeit und Gewandtheit sind die Eigenschaften eines guten Filzers; denn für ihn kommt es darauf an, möglichst Pausen zwischen den einzelnen Manipulationen zu vermeiden und dafür zu sorgen, daß der Filz glatt ohne Falten aus der Maschine hervorgeht, da der Filzer in der Regel zwei Maschinen bedient, kann er fast ununterbrochen arbeiten, ohne daß eine in der Natur des Produktionsprozesses liegende Ursache ihn zu einer Pause zwänge.

Für den Filzer, allgemein gesprochen für jeden Arbeiter, dessen Verdienst von der Schnelligkeit der einzelnen Handgriffe abhängt, ist

Auslese und Anpassung der Arbeiterschaft der geschlossenen Großindustrie. 13

es wesentlich alle für den konkreten Arbeitsprozeß unbrauchbaren Teile des psycho-physischen Apparates auszuschalten, weil auf diesem Wege die Maximalleistungsfähigkeit schneller erreicht wird. — Wenn der Filzer allein arbeitet ist der Stücksatz pro Dutzend höher, als wenn ihm die sogenannte Ausbüßerin oder Eckerin bei der Arbeit hilft, deren Tätigkeit darin besteht den Leinenlappen faltenlos in das Fach hineinzulegen und nach dem Filzprozeß vorsichtig abzulösen. Sie wird, wie der Filzer, nach der Stückzahl entlohnt.

Das Anlernen geschieht in dieser Station häufig durch den Meister; der Neueintretende arbeitet erst 1—2 Wochen im Stundenlohn und erreicht meist in der 3.—4. Woche den üblichen Verdienst; dasselbe gilt von den Ausbüßerinnen.

Die beständige Bewegung des oberen Teils der Filzmaschine verursacht in der Filzerei starken Lärm, den die Arbeiter als erschwerend für ihre Tätigkeit angaben; auch über die Muskelanstrengung, die das fortwährende Auf- und Zumachen der Maschine nach sich zieht, wurde vielfach geklagt.

Das verfilzte Fach wird nun auf chemischem Wege durch den Karbonisationsprozeß von ihm etwa noch anhaftenden pflanzlichen Bestandteilen befreit. Die Fache werden etwa zwei Stunden in einem Bottich mit verdünnter Schwefelsäure geweicht; alsdann in einem Zentrifugalapparat ausgeschleudert, um die Nässe im wesentlichen zu entfernen; hierauf wird das Halbfabrikat in Öfen 3—6 Stunden einer Temperatur von 80° C ausgesetzt, wodurch die pflanzlichen Bestandteile verkohlen und im weiteren Produktionsprozeß von selbst herausfallen, während die Wollfaser nicht angegriffen wird.

Die bei der Karbonisation beschäftigten Arbeiter haben demnach lediglich die Fache in den Schwefelsäurebottich zu legen, sie nach der vorgeschriebenen Zeit in der Zentrifuge zur Ausschleuderung aufzuschichten, um sie dann in den Karbonisationsöfen dem Verbrennungsprozeß zu überlassen. Diese Arbeit wird erschwert durch die mit Schwefelsäuredämpfen getränkte Luft, die — wie ein Arbeiter meinte — die sonst angenehme, abwechslungsreiche Tätigkeit störe.

Der Verfilzungsprozeß wird jetzt durch das „Anstoßen" weiter fortgesetzt. Hierfür existieren die verschiedensten Maschinen; wir wollen in dieser kurzen Skizze des Produktionsganges eine derselben, die Anstoßmaschine, näher ins Auge fassen. — Mehrere in einen Lappen gewickelte, mit heißem Wasser befeuchtete Filze laufen durch Walzen, die mit Hartgummiringen bezogen sind. Diese sich drehenden Walzen quetschen die Filze zusammen und bewirken ein weiteres Einlaufen des Halbfabrikats.

Die Anstoßer gehören zu den ungelernten Arbeitskräften; sie sind entweder im Stücklohn oder in genossenschaftlicher Arbeit tätig[1].

Um die gewünschte Farbe zu erhalten, gelangt der Filz nach der Anstoßerei in die Färberei, wo etwa 10—20 Dutzend Filze in einen mit heißem Farbbad — Flotte — gefüllten Bottich geworfen werden. Unter kochender Flotte werden sie, bis der gewünschte Farbton erreicht ist, mit Holzgabeln möglichst gleichmäßig und ruhig umgerührt, um Flecke beim Färben zu vermeiden.

Die wesentlichste Tätigkeit des Färbers besteht in stundenlangem Umrühren der Filze mit der Holzgabel; dies erfordert Ruhe und Stetigkeit, die der städtische, leichter bewegliche Industriearbeiter selten aufzuweisen hat. Vorzugsweise wird daher der Landarbeiter für diese Beschäftigung genommen. Wir werden in einem späteren Abschnitt, der sich mit der geographischen Auslese der Arbeiterschaft beschäftigt, auf diese Zusammenhänge näher eingehen.

Nach dem Färben erfolgt der letzte endgültige Filzprozeß in der Hammerwalke. 15—20 Dutzend Filze liegen in einem Bottich, der mit heißem Wasser, das einen leichten Zusatz von Schwefelsäure enthält, angefüllt ist. Auf diese schlagen abwechselnd stetig zwei großflächige Holzhammer, deren schiebender Druck die Verfilzung zustande bringt. Der Filz wird jetzt bis zur erforderlichen Größe „heruntergewalkt"; es verbindet sich nämlich mit dem fortschreitenden Verfilzen ein starkes Einlaufen des Halbfabrikats und zwar derart, daß das nunmehr Stumpen genannte Produkt kaum noch ein Drittel so groß ist wie das wollige Fach.

Bei der Bedienung der Hammerwalke werden ungelernte Arbeiter verwendet, die lediglich das Material hereinwerfen und wieder herausnehmen.

Der Stumpen zeigt jetzt noch eine kegelartige Gestalt; keinerlei Spuren von Kopf oder Rand sind daran wahrzunehmen. Die folgenden Prozesse werden uns zeigen, wie ein Stumpen allmählich Form und Ansehen gewinnt.

Vorerst erhält das Halbfabrikat eine primitive Kopf- und Rand-

---

[1] Die Arbeiter gaben an, daß sie in „Gruppenakkord" arbeiten. Die obige Bezeichnung ist dem „Handbuch der Löhnungsmethoden" von Schloß-Bernhard Leipzig 1906, S. 141 entnommen.

form; teils geschieht dies noch mit der Hand, teils hat die Maschine die hauptsächlichste Arbeit übernommen. Betrachten wir einmal beide Arten des Formens unter dem Gesichtspunkt[1], „welche Art von Arbeitern mit welcher Art von Qualitäten durch solche technische Umwandlungen nach der einen Seite hin ausgeschaltet und auf der andern Seite gezüchtet werden."

Der Stumpen läßt sich im kalten d. h. harten Zustand nicht formen; er wird deshalb unter einer kupfernen Glocke so lange dem Dampf ausgesetzt, bis er weich und geschmeidig geworden ist.

Beim Handformen zieht der Arbeiter den Stumpen auf einen Holzkopf und spannt ihn mit einer Schnur unten am Kopf fest ein, wodurch Kopf und Rand markiert wird. Darauf wird der Rand durch kräftiges Strecken mit den Händen ausgezogen. — Diese, Muskelkraft und Geschicklichkeit erfordernde Beschäftigung legt die Formung des Stumpens in die Hand des Arbeiters; von ihm hängt die genaue Herausarbeitung des Kopfes und Randes ab, die die Qualität des Hutes stark beeinflußt.

Die nun zu schildernden Maschinenprozesse werden uns den Arbeiter als Bediener der die Hauptarbeit leistenden Maschine zeigen.

Kopfausstoß- und Randstreckmaschine haben die Funktionen des Arbeiters übernommen.

Die Kopfausstoßmaschine besteht aus zwei kronenartigen Teilen; Messingstäbe durch kurze Zwischenräume voneinander getrennt, vereinigen sich oben zu einer Spitze. Auf die untere rotierende Krone wird der Stumpen gestülpt; die obere senkt und hebt sich derart, daß ihre Stäbe auf die Zwischenräume der unteren brücken, wodurch eine primitive Kopfform erzielt wird. Die Randbearbeitung erfolgt in der Randstreckmaschine; durch vier sich drehende aneinanderliegende Kegel wird der Rand wie in einer Wringmaschine ausgezogen.

Während nun das Handformen einen kräftigen erwachsenen Arbeiter verlangt, können und werden die beiden zuletzt besprochenen Maschinen von jugendlichen Arbeitskräften bedient, da das Heben und Senken der oberen Krone durch einen leichten Druck auf einen an der Maschine befindlichen Hebel bewirkt wird.

Wir werden bei Verfolgung des Produktionsprozesses noch auf eine Änderung in der Gliederung der Arbeiterschaft stoßen, die gleichfalls eine Folge des technischen Fortschritts ist.

---

[1] M. Weber, Erhebung über Auslese und Anpassung S. 16.

Einer weiteren Formgebung dient die Anformmaschine, durch die das Handformen in der Hauptsache verdrängt worden ist. Der Rand des Stumpens wird hierbei auf einen horizontal liegenden flachen Metallring gelegt; ein zweiter von oben herauf gesenkter Ring dient der Festhaltung des Stumpens. Darauf wird der Kopf von dem Arbeiter nach innen gestülpt, durch Dampf geschmeidig gemacht und endlich eine Holzform hineingepreßt, die unter Druck längere Zeit den Stumpen beschwert. Das aus der Maschine hervorgehende Halbfabrikat zeigt immerhin deutlich Kopf und Rand, wenngleich von einer eigentlichen Form oder Façon noch nicht gesprochen werden kann; diese erhält der Stumpen erst in der weiter unten zu schildernden Matrizenzieherei.

Die Anformer, sowohl die an der Maschine, wie mit der Hand tätigen werden den ungelernten Arbeitskräften zugerechnet; sie werden nach der Stückzahl entlohnt. Die Arbeiterzahl ist infolge der Maschineneinstellung verringert worden; schätzungsweise wird etwa ein Drittel des früheren Arbeiterpersonals benötigt.

In der Schleiferei oder Mixerei erfolgt nunmehr die Oberflächenbearbeitung, d. h. der Stumpen wird geglättet und ansehnlich gemacht. Bei diesem Arbeitsprozeß ist der mit der Hand tätige erwachsene männliche Arbeiter verdrängt worden durch Maschinen, die in diesem Fall von Frauen bedient werden. Wir wollen auch hier näher auf beide Arbeitsmethoden eingehen:

Das Bürsten und Schleifen des Stumpens wurde früher in der Weise besorgt, daß derselbe auf einen rotierenden Holzkopf gezogen wurde, und der Arbeiter Bürste, Sandpapier oder Fischhaut — je nachdem welche Wirkung erzielt werden sollte — an der rotierenden Oberfläche vorbeiführte. Hierfür war — wenigstens für das Abschleifen der langen Haare mit Sandpapier — ein ziemlich starker Druck auf den Stumpen notwendig. Jetzt wird das zu bearbeitende Material an einer schnell rotierenden, mit Sandpapier überzogenen Scheibe entlang geführt, wodurch die langen Haare entfernt und die Oberfläche glatt geschliffen wird. Derselbe Vorgang findet beim Bürsten und Rauhen der Oberfläche statt, wobei die rotierende Scheibe mit einer Bürste bzw. Fischhaut umkleidet ist.

Frauen und Mädchen führen sitzend diese Tätigkeit aus, die ziemlich große Handgeschicklichkeit erfordert, um den Stumpen schnell und ohne ihn zu beschädigen an der Scheibe entlang zu führen. Die Neueintretende lernt die Handgriffe meist an der Bürstmaschine, weil der Hut hier selbst bei ungeschickter Haltung keinen Schaden erleiden kann; sie kann zur Rauherin oder Mixerin aufsteigen, sobald sie mit der Technik der Bewegung vertraut ist. Beim Mixen ist weit größere Vorsicht geboten, da der Stumpen leicht durch das Sandpapier beschädigt werden kann. Anfangs arbeitet die „Neue" im Zeitlohn und erreicht normalerweise in der zweiten bis dritten Woche den üblichen Wochenverdienst.

Das Ausbürsten bzw. Mixen der Hüte geschieht unter starker Staubentwicklung, die selbst durch Exhaustoren nicht gänzlich verhindert wird. Deshalb möchte ich diese Tätigkeit als die gesundheitsschädlichste innerhalb der Hutindustrie bezeichnen; ihr etwa gleich kommt die Arbeit der sogenannten Abtrockner. Das sind die in den Trockenräumen mit dem Ausbreiten der Stumpen Beschäftigten, die einer Temperatur von 60° C ausgesetzt sind.

Der Staub, der nach diesen Prozessen im Stumpen enthalten ist, wird in der Klopfmaschine entfernt, zu deren Bedienung jugendliche Arbeitskräfte, männliche oder weibliche verwendet werden. Der Stumpen wird auf einen sich drehenden Kegel gestülpt, und durch eine Anzahl von Lederriemen, die sich auf einer schnell rotierenden Welle befinden, geklopft; gleichzeitig wird der Staub durch Exhaustoren abgesaugt.

Zur definitiven Formung gelangt der Stumpen nunmehr in die Matrizenzieherei. Unter Matrize ist ein Metallrand zu verstehen, auf den der Rand des durch Dampf erweichten Stumpens aufgespannt und mit einer Schnur festgezogen wird. Nun wird in den Kopf des Stumpens eine entsprechende Holzform in der Weise eingedrückt, daß sie am Rand überall gleichmäßig fest anschließt. Die so zubereiteten Herrnhüte gelangen in den Dekatierkessel, wo sie etwa eine halbe Stunde unter einer Atmosphäre Dampfdruck verbleiben und alsdann langsam auf der Form abtrocknen.

Das Dekatieren nimmt dem Hut den starken Glanz, den er durch das Abschleifen erhalten hat. In der Hauptsache soll es den verfilzten Stoff widerstandsfähig gegen Feuchtigkeit machen und das Einlaufen verhindern. Damenhüte werden nicht dekatiert; sie werden in einem Schellackbade gesteift. Den auf die Matrize gezogenen Damenhut läßt man in heißen Öfen abtrocknen. Damen- und Herrnhut werden im trockenen Zustand von der Matrize und Kopfform abgelöst und nunmehr ist eine deutliche Form an ihnen wahrzunehmen.

Der Matrizenzieher ist einer der bestbezahlten angelernten Arbeiter der Wollhutindustrie. Bei schwer ziehbaren Formen, die besonders in der abwechslungsreichen Damenmode häufig sind, wird von ihm Geschicklichkeit und bedeutende Muskelkraft verlangt. Da bei dieser endgültigen Formgebung Kopf und Rand genau markiert sein müssen, hat der Zieher große Sorgfalt darauf zu verwenden, die um die Matrize zu ziehende Schnur an die rechte Stelle zu legen; es würde der Hut sonst leicht sein ganzes Ansehen verlieren.

Die Anlernzeit beträgt hier durchschnittlich vierzehn Tage bis einen Monat. Neben Stücklohn auf Rechnung jedes einzelnen findet sich auch genossenschaftliche Arbeit in dieser Station.

Dieses Ziehen der Hüte ist, wie aus der obigen Schilderung hervorgeht, reine Handarbeit; auch diese wird in nicht allzu ferner Zeit durch Maschinen verdrängt werden. Schon gibt es eine Matrizenziehmaschine, aus der aber der Hut noch nicht in derselben Qualität hervorgeht wie aus der Hand des Arbeiters, was jedoch durch technische Vervollkommnung bald der Fall sein dürfte.

Jetzt fehlt dem Hut, bis er zur Garnitur fertig ist, noch Strich und Glanz, außerdem die letzte Festigkeit, die er in der Presse erhält. Vorerst werden die Hüte einzeln auf eine rotierende Form gestellt, mit einem feuchten Schwamm benetzt und ihr Haar mit einem Filzstück glatt gestrichen: eine Tätigkeit, die der angelernte Oberflächenbearbeiter im Stücklohn ausführt. Wie diese, so erfordern alle Arbeiten an dem fast fertigen Produkt besonders vorsichtige Behandlung, um Verluste des mit jedem Arbeitsprozeß steigenden Gutswertes zu vermeiden. — Die Anlernzeit der Oberflächenbearbeiter schwankt zwischen zwei und drei Wochen.

Die letzte Formbeständigkeit wird dem Hut durch einen starken hydraulischen Druck in der Presse erteilt. Der zu pressende Hut wird in eine entsprechende Form gelegt. Der obere Teil der Maschine, an dem sich ein Gummibeutel befindet, wird so herabgelassen, daß der Beutel in dem Kopf des Hutes ruht, und alsdann die Presse mit einem kräftigen Ruck geschlossen. Hierauf öffnet der Arbeiter einen Hahn, durch den Wasser in den Gummibeutel fließt. Dieser Wasserdruck, der einige Sekunden auf den Hut wirkt, verleiht ihm seine endgültige Form.

Die Bedienung der Presse verlangt neben vorsichtiger Behandlung des fast fertigen Produktes die Muskelkraft eines kräftigen männlichen Arbeiters; dem Presser liegt es nämlich ob, die gußeisernen Formen, die bis 100 kg schwer sind, je nach der fertigzustellenden Ware in die Maschine herein bzw. aus ihr herauszuheben. Oft kann er diese Arbeit allein nicht leisten, und es ist nichts Seltenes, daß zwei bis drei Leute sich bemühen eine Form durch die andere zu ersetzen. Mit aus diesem Grunde muß bei der Annahme der Arbeiter auf kräftige Personen gesehen werden. Die Anlernzeit bei den Pressern ist durchschnittlich vierzehn Tage bis drei Wochen; in dieser Station ist die genossenschaftliche Arbeit am üblichsten. Wir werden später sehen aus welchen Gründen.

Es verdient vielleicht erwähnt zu werden, daß technische Verbesserungen der Preßmaschine in den letzten Jahren den Arbeiter nicht unwesentlich entlastet haben. Noch heute kann man in technisch zurückgebliebenen Betrieben Pressen mit kleinen Handpumpen sehen. Der Arbeiter hatte hier, nachdem er den Hut sorgfältig in die Maschine gelegt hatte, das Wasser selbst in den Beutel zu pumpen, was sowohl an seine muskulären Kräfte höhere Anforderungen stellte, als auch den Arbeitsprozeß verlangsamte. Heute ist dieser Vorgang mit einem Griff an den Wasserhahn erledigt.

Wie dieser Vorgang und die oben besprochenen Erscheinungen in der Formerei und Mixerei zeigen, hat der Fortschritt der Technik in der Hutindustrie eine Vereinfachung der Arbeit und eine Verringerung der Muskeltätigkeit zur Folge gehabt, verbunden in mehreren Fällen mit einer veränderten Gliederung der Arbeiterschaft in der Weise, daß sich die Tätigkeit angelernter Erwachsener in jugendlich ungelernte oder weibliche Arbeit verwandelt hat.

Der gepreßte Hut ist jetzt der Form nach vollkommen fertig gestellt; es erfolgt nun noch das Beschneiden und Einfassen des Randes und das Garnieren.

Das Beschneiden wird von Männern teils mit der Hand teils mit der Maschine besorgt. Steppen und Garnieren sind ausschließlich weibliche Arbeitsgebiete. Das Steppen mit der Maschine erfordert etwa dieselbe Anstrengung wie die Arbeit an der Nähmaschine; in Fabriken mit fortschrittlicher Technik fällt die Tretbewegung mit den Füßen fort. Die Arbeit wird sitzend ausgeführt und ist infolgedessen weniger körperlich anstrengend, als durch das von der Steppmaschine verursachte starke Geräusch nervös abspannend.

Die endgültige Fertigstellung des Hutes erfolgt im Garniersaal, wo das Futter eingenäht und der Hut mit Bändern, Schleifen oder Stutzen versehen wird. Garnieren ist reine Handarbeit; demzufolge herrscht eine wohltuende Ruhe in diesen Räumen. Die sitzend verrichtete Tätigkeit wird, wie das Steppen, nach der Stückzahl entlohnt.

Die Anlernzeit beträgt hier vierzehn Tage und geschieht in der Weise, daß eine geübte Garniererin die Neueintretende unterweist. Für die mit einer Lohnverkürzung verbundene Unterbrechung ihrer Arbeit erhält sie den Verdienst der Lernenden.

Aus dem Garniersaal gelangt der nun fertige Hut in das Lager, wo er einer letzten Prüfung unterzogen, alsdann von jugendlich männlichen oder weiblichen Arbeitskräften verpackt und zum Versand bereit gestellt wird.

Die eben geschilderte Entstehung eines Hutes hat uns die mannigfachen Stadien vor Augen geführt, die das Produkt bis zu seiner Fertigstellung durchlaufen muß. Eine weitgehende Arbeitsteilung, durch technische und ökonomische Faktoren bedingt, gibt der modernen Hutindustrie ihr Gepräge; etwa zwanzig Bearbeitungsstationen liegen zwischen dem Rohmaterial und dem fertigen Hut. Der Einfluß des einzelnen Arbeiters auf die Qualität des Produktes ist in den meisten Fällen gering. Von einer Ausprägung individueller Fähigkeiten in dem Arbeitsobjekt kann bei der herrschenden Spezialisierung kaum geredet werden. Der Kräfteverbrauch des psycho-physischen Apparates ist muskulärer und nervöser Natur; ersterer überwiegt beispielsweise bei den Wolfern, letzterer bei den Abwiegerinnen infolge der starken Aufmerksamkeitsanspannung.

Nach dieser kurzen Skizze des Produktionsganges und dem Versuch einer Schilderung derjenigen Anforderungen, die die Wollhutfabrikation an ihre Arbeiterschaft stellt, soll im folgenden von einigen Ausleseprozessen betreffend Alter, geographische und soziale Provenienz der befragten Arbeiter die Rede sein.

Zweiter Teil.
Ausleseprozesse nach Alter, geographischer und sozial-beruflicher Provenienz.

1. Altersaufbau der Arbeiterschaft und der einzelnen Arbeitergruppen.

Die Ausleseprozesse betreffend Alter, geographische und sozial-berufliche Provenienz sollen unsere Arbeiterschaft in dreifacher Hinsicht charakterisieren und den Hintergrund für das später zu entwerfende Bild ihres beruflichen und außerberuflichen Lebens bilden.

Die Anzahl der Befragten verteilt sich auf die verschiedenen Arbeitskategorien folgendermaßen:

Meister	10	Vorlegerinnen, Abwiege- rinnen und Krempel- rinnen	14
Filzer	7		
Färber	10		
Anstoßer und Former	12	Spinnerinnen	11
Matrizenzieher	15	Ausbüßerinnen	6
Presser	11	Mixerinnen	32
Oberflächenbearbeiter	7	Stepperinnen	13
Arbeiter	15	Garniererinnen	40
Burschen	15	Lagerarbeiterinnen	6
Männliche Arbeiter	**102**	**Weibliche Arbeiter**	**122**

Alle Arbeitskräfte 224

Unter der Gruppe „Arbeiter" sind Wolfer, Putzer, Karbonisierer und Abtrockner zusammengefaßt, sämtlich ungelernte Arbeitskräfte. Die Bezeichnung „Burschen" wurde in der Fabrik allgemein für jugendliche Hilfsarbeiter bis 21 Jahren verwendet. Insgesamt wurden also 102 männliche und 122 weibliche Arbeitskräfte befragt, fast sämtliche zur Zeit der Enquete tätigen Leute. Nur wenige männliche Arbeiter, die aus Mißtrauen eine Beantwortung der Fragen ablehnten, fehlen.

Wir haben außer dem Altersaufbau der während der Erhebung Beschäftigten (Tab. 2) noch denjenigen der Gesamtarbeiterzahl, die im Laufe des Jahres 1909 überhaupt durch den Betrieb ging, in Tab. 1 dargestellt, weil hierdurch die Betrachtung der Alters- und Geschlechtsgliederung in einem vom Zufall freieren Licht ermöglicht wird. Aus

[Tab. 1] **Altersaufbau**
der gesamten innerhalb eines Jahres durch die Fabrik gegangenen Arbeiter.

Arbeitskategorien	Alter nach Lebensjahren						
	14.-16.	17.-21.	22.-30.	31.-40.	41.-50.	51.-60.	über 60.
	%	%	%	%	%	%	%
Meister	—	—	20,0	70,0	10,0	—	—
Filzer	—	33,2	33,2	16,6	16,6	—	—
Färber	—	—	19,6	6,2	49,6	24,8	—
Anstoßer und Former	—	18,3	41,1	11,6	23,2	5,8	—
Matrizenzieher	—	—	31,8	36,0	22,9	9,0	—
Presser	—	—	43,5	31,2	25,3	—	—
Oberflächenbearbeiter	—	32,8	47,3	16,4	4,1	—	—
Arbeiter	—	12,5	37,5	10,0	20,0	10,0	10,0
Burschen	41,1	58,9	—	—	—	—	—
Vorlegerinnen, Abwiegerinnen und Kremplerinnen	27,0	9,0	4,5	4,5	13,5	27,0	13,5
Spinnerinnen	—	31,5	31,5	26,5	10,5	—	—
Ausbüßerinnen	20,0	35,0	30,0	15,0	—	—	—
Mixerinnen	26,0	26,0	30,0	14,0	2,0	—	—
Stepperinnen	5,8	29,0	46,4	11,6	5,8	—	—
Garniererinnen	13,5	33,3	33,3	14,4	3,6	1,2	—
Lagerarbeiterinnen	57,1	42,9	—	—	—	—	—
Männliche Arbeiter	7,3	21,9	29,2	17,0	17,0	5,3	1,9
Weibliche Arbeiter	18,1	29,3	29,3	13,0	4,3	3,2	1,3
Alle Arbeiter	12,8	25,7	29,2	15,4	10,7	4,2	1,6

Männliche Arbeiter 205
Weibliche Arbeiter 215
Alle Arbeiter 420

diesem Grunde entnehmen wir das Verhältnis von männlichen und weiblichen, angelernten und ungelernten Arbeitskräften aus Tab. 1, wonach 420 Arbeiter, 205 männliche und 215 weibliche durch die Fabrik gingen. Das Überwiegen der weiblichen Arbeitskräfte ist eine für die Textilindustrie typische Erscheinung; innerhalb der Hutindustrie ist diese Gliederung nach dem Geschlecht teilweise eine Folge der ver=

Auslese und Anpassung der Arbeiterschaft der geschlossenen Großindustrie. 23

vollkommneten Technik, wie wir im ersten Teil an dem Beispiel der Mixerinnen sahen.

Angelernte männliche Arbeiter sind, unter Nichtberücksichtigung der Meister: Filzer, Presser, Matrizenzieher und Oberflächenbearbeiter, d. h. 41,9 % der Gesamtzahl. Innerhalb der weiblichen Arbeitskategorien sind Spinnerinnen, Ausbüßerinnen, Mixerinnen, Stepperinnen und Garniererinnen, mithin 86,5 % angelernte und 13,5 % ungelernte

[Tab. 2] **Altersaufbau** der Arbeiterschaft zur Zeit der Enquete.

Arbeitskategorien	Alter nach Lebensjahren						
	14.-16.	17.-21.	22.-30.	31.-40.	41.-50.	51.-60.	über 60.
	%	%	%	%	%	%	%
Meister	—	—	20,0	70,0	10,0	—	—
Filzer	—	28,6	57,2	14,3	—	—	—
Färber	—	—	20,0	10,0	60,0	10,0	—
Anstoßer und Former	8,3	—	25,0	25,0	25,0	16,6	—
Matrizenzieher	—	—	33,0	40,0	20,0	6,6	—
Presser	—	—	27,2	27,2	36,0	9,1	—
Oberflächenbearbeiter	—	14,4	42,8	42,8	—	—	—
Arbeiter	—	—	46,2	33,0	13,2	—	6,6
Burschen	46,6	53,4	—	—	—	—	—
Vorlegerinnen, Abwiegerinnen und Kremplerinnen	—	21,4	14,2	7,1	21,4	21,4	14,2
Spinnerinnen	9,1	27,2	27,2	27,2	9,1	—	—
Ausbüßerinnen	—	16,6	66,4	16,6	—	—	—
Mixerinnen	9,3	53,1	31,2	6,7	—	—	—
Stepperinnen	—	30,7	37,6	30,7	—	—	—
Garniererinnen	12,5	27,5	30,0	22,5	5,0	2,5	—
Lagerarbeiterinnen	83,4	16,6	—	—	—	—	—
Männliche Arbeiter	7,8	10,7	28,4	28,4	18,6	4,5	0,9
Weibliche Arbeiter	11,2	32,0	28,8	16,0	4,8	3,2	1,6
Alle Arbeiter	9,3	22,8	29,0	21,8	11,1	4,0	1,3

Arbeitskräfte. Diesen Ziffern kommt eine Bedeutung insofern zu, als sie uns gewisse Anhaltspunkte für die Rentabilität der Arbeiter geben. Die Maximalleistungsfähigkeit tritt nämlich bei der überwiegenden Mehrzahl der weiblichen Arbeiterschaft später ein als bei der männlichen, so daß letztere für den Betrieb schneller rentabel wird.

Wir wenden uns jetzt der Frage zu, welchen Altersausleseprozeß die Hutindustrie an der ihr gegenüberstehenden Bevölkerung vornimmt, indem sie die geeignetsten Arbeitskräfte heranzieht. — Nunmehr vergleichen wir das Alter der zur Zeit der Erhebung in dem Unternehmen Beschäftigten (Tab. 2) mit den Angaben in Tab. 1, und kommen zu folgenden Übereinstimmungen:

Die jüngeren Altersklassen, die unter 30 Jahren überwiegen; sie betragen: (Tab. 1) 67,8 % und (Tab. 2) 61,6 % der Gesamtarbeiterzahl. Entsprechend ist die Zahl der über 30 Jahre alten Arbeitskräfte 32,2 % und 38,4 %. Am stärksten vertreten ist die dritte Altersstufe zwischen dem 22. bis 30. Lebensjahr mit 29,2 resp. 29,0 %; die nächst starke ist die der Personen zwischen dem 17. bis 21. Lebensjahr mit 25,7 % bzw. 22,8 %; ihnen folgen die 31—40 jährigen Personen mit 15,4 % bzw. 21,8 %. Dann zeigt sich eine geringe Abweichung beider Tabellen: nach Tab. 1 folgt jetzt die erste Altersgruppe mit 12,8 %, an diese schließt sich die der im 41. bis 50. Lebensjahr stehenden Arbeiter, die 10,7 % der Gesamtzahl ausmacht, während in Tab. 2 letztere Gruppe mit 11,1, erstere dagegen mit 9,3 % vertreten ist. Der Anteil der über 50 jährigen Personen ist gering, er beträgt 5,8 % resp. 5,3 %.

Ein Vergleich zwischen dem Altersaufbau der männlichen und weiblichen Arbeiter zeigt uns, daß die Arbeiterinnen zum überwiegenden Teil den jüngeren Altersklassen angehören, während sich bei den Arbeitern ein bedeutend höherer Prozentsatz aus denen über 30 Jahren zusammensetzt. Es sind nämlich (Tab. 1) 76,7 %, (Tab. 2) 73,7 % der Arbeiterinnen weniger als 30 Jahre alt. Für die männliche Arbeiterschaft erhalten wir folgende Zahlen: jünger als 30 Jahre sind 58,5 % (Tab. 1) und 47,5 % (Tab. 2).

Bei der Betrachtung des Alters innerhalb der einzelnen Arbeitergruppen bemerken wir, daß von den Meistern (Tab. 1 u. 2) 80 % mehr als 30 Jahre alt sind; 20 % stehen zwischen dem 22. bis 30. Lebensjahr. Da es für den jüngeren Meister erschwert ist sich die nötige Autorität bei den ihm Unterstellten zu verschaffen, erklärt sich hieraus die vorzugsweise Anstellung älterer Leute, die normalerweise auch durch ihre größere Erfahrung für den Betrieb rentabler sind.

Vergleichen wir nun den Altersaufbau der vier angelernten männlichen Arbeitskategorien: Filzer, Matrizenzieher, Oberflächenbearbeiter und Presser. Von den Filzern sind (Tab. 1) 66,6 %, von den Oberflächenbearbeitern 79,1 % noch nicht 30 Jahre alt; beide Kategorien finden sich zwischen dem 17. bis 21. Lebensjahr. Dagegen kommen Presser und Matrizenzieher nur von der dritten Altersklasse an vor. Diese, die Elitearbeiter der Hutindustrie stehen zu 60,8 % (Matrizenzieher) und 75% (Preſſer) zwiſchen dem 22. und 40. Lebensjahr, alſo im kräftigſten Alter. Der unterſchiedliche Altersaufbau dieſer beiden Gruppen ſteht zweifellos mit den im erſten Teil geſchilderten Anforderungen der Teilarbeiten im Zuſammenhang, und zwar in der Weiſe, daß ſteigende Inanſpruchnahme des pſycho-phyſiſchen Apparates mit höherem Alter Hand in Hand geht.

Von den ungelernten Arbeitern ſcheint mir einer Erklärung nur der Altersaufbau der Färber zu bedürfen, die zu ³/₄ oder 75% zwiſchen dem 41. bis 60. Lebensjahr ſtehen. Die Färberarbeit erfordert, wie früher erwähnt wurde, Ruhe und Gleichmaß, Qualitäten, die vorzugsweiſe älteren Leuten eigen ſind; außerdem beſitzt dieſe ſchmutzige, eintönige Tätigkeit für den jugendlich-beweglichen Arbeiter keine große Anziehungskraft; auch reizt ihn die Stücklohnarbeit mehr, bei der er einen Einfluß auf die Höhe ſeines Verdienſtes ausübt.

Von den ungelernten weiblichen Arbeitern gehören die Lagerarbeiterinnen, meiſt auch die Vorlegerinnen den beiden erſten Altersklaſſen an, was nach ihrer leichten Beſchäftigung zu erwarten war; Abwiegerinnen und Krempelfrauen ſtehen, entſprechend den an ſie geſtellten Anforderungen, im vorgerückten Alter. Daß wir unter den Spinnerinnen ſelten ganz junge und keine über fünfzigjährigen Arbeitskräfte finden, hat ſeinen Grund in der anſtrengenden Tätigkeit des Spinnens. — Über den Altersaufbau der Ausbüßerinnen läßt ſich irgend etwas Typiſches nicht ſagen, da nach der Art der Beſchäftigung jegliches Alter hierfür herangezogen werden kann.

Es erübrigt nunmehr noch eine Betrachtung des Alters von Stepperinnen und Garniererinnen. Das mit leichter nervöſer Abſpannung verbundene Steppen wird nur vereinzelt von ganz jungen Arbeiterinnen ausgeführt; für die unterſuchte Fabrik gehörten nur 5,8% der erſten Altersklaſſe an, 76,4% der zweiten und dritten, während ſich der Reſt auf die vierte und fünfte Altersſtufe verteilt.

Garnieren iſt keine körperlich anſtrengende Tätigkeit und zieht Arbeitskräfte jeden Alters an; lediglich die Einſtellung von über 50 Jahre alten Frauen iſt eine Seltenheit, da das beſtändige Nähen nicht unerhebliche Anforderungen an die Sehkraft ſtellt; ein gleiches gilt von den Stepperinnen. 13,5% der Garniererinnen waren noch nicht 17 Jahre alt; den Hauptanteil haben auch hier die zweite und dritte Altersſtufe mit 66,6%.

Die von uns eingangs geſtellte Frage, welche Altersklaſſen die Wollhutinduſtrie ihren immanenten Bedürfniſſen entſprechend anzieht, beantwortet sich zusammenfassend folgendermaßen (Tab. 1): Von sämtlichen Arbeitskräften stehen die meisten, 29,2 %, im Alter von 22 bis 30 Jahren, 25,7 % sind 17—21 Jahre alt; diese am stärksten vertretenen Altersstufen machen zusammen 54,9 % der Gesamtarbeiterzahl aus; mit steigendem Alter nimmt die Anzahl der Arbeitskräfte ab; der Anteil der über 50 Jahre alten Leute ist gering, er beträgt 5,9 %. Ferner besteht ein Unterschied im Altersaufbau der männlichen und weiblichen Arbeiter insofern, als letztere in größerer Zahl den jüngeren Altersklassen angehören als erstere. Endlich wurde eine Altersdifferenz der einzelnen Arbeitergruppen festgestellt, die parallel mit den von ihnen geforderten Leistungen geht.

2. Geographische und Ortsgrößenprovenienz der Arbeiterschaft und der einzelnen Arbeitergruppen.

Wir haben soeben die Altersauslese besprochen und wenden uns nunmehr einer Analyse der geographischen und Ortsgrößenprovenienz unserer Arbeiterschaft zu; durch erstere wollen wir der Frage näher-

[Tab. 3] **Geographische Provenienz der Arbeiterschaft.**

Arbeitskategorien	Aus Luckenwalde %	Aus Kreis Jüterbog-Luckenwalde %	Aus Provinz Brandenburg %	Aus Deutschland %	Aus dem Ausland %
Filzer	42,8	—	42,8	14,4	—
Färber	—	70,0	10,0	20,0	—
Anstoßer und Former	36,3	54,7	9,0	—	—
Matrizenzieher	53,4	20,0	20,0	6,6	—
Presser	54,3	18,1	18,1	9,5	—
Oberflächenbearbeiter	57,1	—	42,9	—	—
Arbeiter	26,6	53,2	6,9	13,3	—
Burschen	73,3	20,1	—	6,6	—
Vorlegerinnen, Abwiegerinnen u. Kremplerinnen	49,7	42,6	—	7,1	—
Spinnerinnen	54,0	9,0	27,0	9,0	—
Ausbüßerinnen	49,8	33,2	16,6	—	—
Mixerinnen	62,8	18,6	3,1	15,5	—
Stepperinnen	84,4	—	7,8	7,8	—
Garnicrerinnen	50,0	17,5	10,0	20,0	2,5
Lagerarbeiterinnen	100,0	—	—	—	—
Männliche Arbeiter	43,4	32,6	15,2	8,8	—
Weibliche Arbeiter	59,5	18,0	8,0	13,7	0,8
Alle Arbeiter	52,8	24,4	11,2	11,2	0,4

Auslese und Anpassung der Arbeiterschaft der geschlossenen Großindustrie. 27

kommen, inwieweit die Fabrik die örtlich vorhandenen Arbeitskräfte verwenden kann, oder inwieweit sie dieselben aus bestimmten auswärtigen Gebieten heranziehen muß.

Wir unterscheiden folgende geographische Bezirke (Tab. 3): 1. Luckenwalde, 2. Kreis Jüterbog=Luckenwalde, 3. Provinz Brandenburg, 4. Deutschland und 5. das Ausland. Die Grenzprovinzen Brandenburgs ebenso die entfernter liegenden wurden in Gruppe 4 zusammengefaßt, da sie als Rekrutierungsgebiete getrennt nicht in Betracht kamen.

Der größte Prozentsatz, 52,8%, der untersuchten Arbeiterschaft stammte aus Luckenwalde selbst; 24,4% aus dem Kreis Jüterbog=Luckenwalde; 11,2% aus der Provinz Brandenburg; weitere 11,2% aus Deutschland und 0,4% aus dem Ausland. Letzteres, ebenso die vom Standort der Fabrik entfernter liegenden Landesteile stellen einen verhältnismäßig kleinen Anteil der Gesamtarbeiterzahl. Wir sind daher wohl berechtigt aus diesen Zahlen den Schluß zu ziehen, daß die Qualitäten der einheimischen Bevölkerung den an ihren psycho=physischen Apparat gestellten Anforderungen Genüge leisten.

Die Feststellung der Ortsgrößenherkunft soll uns über eine etwaige mit letzterer und dem Milieueinfluß in Verbindung stehende Geeignetheit für gewisse Teilarbeiten Aufschluß geben. Werden für bestimmte Manipulationen Dörfler oder Städter bevorzugt und aus welchem Grunde?

Es sind vier Ortsgrößenklassen unterschieden worden (Tab. 4): 1. Dörfer d. h. Orte mit 1—1000 Einwohnern. 2. Landstädte d. h. Orte mit 1000—5000 Einwohnern. 3. Kleinstädte mit 5000—50 000 Einwohnern. 4. Mittel= und Großstädte mit über 50 000 Einwohnern. Von der Gesamtarbeiterschaft stammten nun 59,8% aus Kleinstädten; 30,8% aus Dörfern; die Landstädte sind mit 6,5% beteiligt und die Städte, die über 50 000 Einwohner besitzen mit 3,2%. Bei Analysierung der geographischen Provenienz wurde festgestellt, daß die Arbeiterschaft sich in der Mehrzahl aus Luckenwalde selbst rekrutiert. Diese Stadt gehört mit etwa 23 000 Einwohnern unter die Kleinstädte, woraus sich der starke Anteil an dieser Ortsgrößenklasse erklärt. — Einen leichten Zustrom von Dörflern ermöglicht die Lage Luckenwaldes: es ist in nächster Nähe von zahlreichen kleinen Dörfern umgeben, deren überschüssige Bevölkerung entweder in die Stadt abwandert oder mit Beibehaltung des ländlichen Wohnplatzes in der städtischen Industrie Beschäftigung sucht. Letztere Gruppe sind meist kleine Landeigentümer, deren landwirtschaftliches Einkommen zur Deckung sämtlicher Bedürfnisse nicht ausreicht.

Bei einem Vergleich der Ortsgrößenprovenienz von angelernten und ungelernten männlichen Arbeitskräften erhalten wir folgendes Bild: Die Matrizenzieher sind zu 73,2%, die Presser zu 90,9% und die Filzer zu 57,1% Städter. Die Oberflächenbearbeiter sind sämtlich städtischer Herkunft. Dagegen sind von den Färbern, dem Typus der

[Tab. 4] **Ortsgrößenprovenienz der Arbeiterschaft.**

Arbeitskategorien	Aus Orten mit Einwohnern von			
	1-1000 %	1000-5000 %	5000-50 000 %	über 50 000 %
Filzer	42,9	14,2	42,9	—
Färber	90,0	—	10,0	—
Anstoßer und Former . . .	58,3	—	41,7	—
Matrizenzieher	26,4	6,6	60,0	6,6
Presser	9,1	9,1	81,8	—
Oberflächenbearbeiter . . .	—	—	57,1	42,9
Arbeiter	52,8	—	39,6	6,6
Burschen	19,8	6,6	73,6	—
Vorlegerinnen, Abwiegerinnen u. Kremplerinnen	21,4	14,4	64,2	—
Spinnerinnen	18,2	—	72,7	9,1
Ausbüßerinnen	50,0	—	50,0	—
Mixerinnen	21,8	12,9	65,4	—
Stepperinnen	15,3	—	84,7	—
Garniererinnen	35,0	7,5	55,0	2,5
Lagerarbeiterinnen	—	—	100,0	—
Männliche Arbeiter	38,2	4,3	52,1	5,4
Weibliche Arbeiter	25,4	7,3	65,5	1,8
Alle Arbeiter	30,8	6,5	59,8	3,3

ungelernten Arbeiter, 90% Dörfler, von den Anstoßern und Formern 58,3%, den Arbeitern 52,8%.

Von den Arbeiterinnen stammen Spinnerinnen und Stepperinnen zu 81,8% bzw. 84,7% aus der Stadt; die Mixerinnen sind mit 78,3%, die Garniererinnen mit 65% städtischer Provenienz; mit anderen Worten: die angelernte männliche und weibliche Arbeit zieht das städtische Element weit stärker an als das ländliche, während für die ungelernte Arbeit Dörfler in größerer Anzahl verwendet werden als Städter.

Wir haben demnach festzustellen: die unqualifizierten, in der Hauptsache körperliche Kraft und Gleichmäßigkeit, weniger Regsamkeit und Umsicht beanspruchenden Manipulationen werden von Dörflern ausgeführt, die sich infolge ihrer Kindheitsumgebung und meist langjährigen ländlichen Tätigkeit hierfür besonders zu eignen scheinen. Das beste Beispiel ist das der Färber. Der die Leute selbst einstellende Färbermeister äußerte sich zu meiner Frage über diesen Punkt folgendermaßen: städtische Arbeiter hielten es bei dieser einförmigen schmutzigen Arbeit nicht aus; er habe öfters mit ihnen den Versuch gemacht, aber es sei kaum einer länger als vier Wochen geblieben. Dagegen eigne sich der ruhige, stetigere Landarbeiter vorzüglich für die Färberei; aus diesem Grunde bemühe er sich gleich Landarbeiter einzustellen. Die Leute beschaffte er sich auf die Weise, daß er einem von seinen Arbeitern sagte, er möchte doch einen Bekannten aus dem Dorf zur Arbeit mitbringen. Mit dieser Art der Arbeitsvermittlung hätte er bis jetzt stets gute Erfolge gehabt. — Für die übrigen ungelernten Arbeiter und Arbeiterinnen trifft das eben Gesagte in etwas schwächerem Maße zu; es scheint demnach eine Disqualifikation der Personen, die in ihrer Jugend Ackerarbeit getan haben für die Verwendung gewisser Arbeiten in der Textilindustrie speziell an der modernen Textilmaschine vorzuliegen. So waren Presser, Spinnerinnen, Stepperinnen und Mixerinnen — sämtlich Maschinenarbeiter — zu über 75% städtischer Provenienz. Bei den Spinnerinnen wird ein Grund dieses Ausleseprozesses, die durch Feldarbeit eintretende Verdickung der Epidermis der Hand sein, da ja ihre Leistungsfähigkeit, wie wir im ersten Teil erwähnt haben, durch geschickte, leichte Hände bedingt ist. Ebenso ist für die mit Vorsicht auszuführenden Manipulationen des Oberflächenbearbeiters eine schwere Hand völlig ungeeignet.

Zusammenfassend hatten wir bei der Ortsgrößenprovenienz unserer Arbeiterschaft ein Überwiegen der Kleinstädte festzustellen. Als wichtigstes Rekrutierungsgebiet folgt ihnen das Dorf. Innerhalb der angelernten und ungelernten Arbeitskräfte macht sich ein Ausleseprozeß in der Richtung bemerkbar, daß für die angelernte Arbeit vorzugsweise Städter, für die ungelernte dagegen Dörfler herangezogen werden.

3. Sozial-berufliche Provenienz der Arbeiterschaft und der einzelnen Arbeitergruppen.

Wir wollen im folgenden Abschnitt untersuchen, aus welchen sozialen Schichten die zur Zeit der Erhebung in dem Unternehmen beschäftigten Leute stammten; gleichzeitig soll die Frage zu beantworten versucht werden, ob die berufliche Herkunft als Auslesefaktor für gewisse Teilarbeiten wirkt, oder ob sich keinerlei Unterschied nach dieser Richtung bei den einzelnen Arbeitergruppen zeigt.

Der Beruf des Vaters ist als Merkmal der sozialen Abstammungsschicht von männlichen und weiblichen Arbeitern gewählt worden und danach wurden sechs Kategorien unterschieden: 1. Fabrikarbeiter, von denen 2. die Textilarbeiter besonders genannt wurden. 3. Handwerker,

[Tab. 5] **Beruf des Vaters.**

Arbeitskategorien	Fabrikarbeiter %	Textilarbeiter %	Handwerker %	Landleute %	Erd- und Bauarbeiter %	Höhere Berufe %	Unbekannt %
Filzer	28,6	42,9	—	14,3	14,3	—	—
Färber	—	—	20,0	60,0	10,0	10,0	—
Anstoßer und Former	12,5	25,0	25,0	25,0	6,3	—	—
Matrizenzieher	52,8	20,0	6,6	6,6	—	13,2	—
Presser	18,2	36,4	9,1	9,1	18,2	9,1	—
Oberflächenbearbeiter	—	28,5	28,5	—	28,5	—	14,3
Arbeiter	13,3	13,3	39,9	26,6	—	6,6	—
Burschen	26,4	46,2	13,2	—	6,6	6,6	—
Vorlegerinnen, Abwiegerinnen und Kremplerinnen	7,2	57,6	7,2	14,4	14,4	—	—
Spinnerinnen	36,3	9,1	27,3	—	9,1	9,1	9,1
Ausbüßerinnen	33,0	50,0	—	—	—	17,0	—
Mixerinnen	18,6	46,5	15,5	3,1	6,2	3,1	6,2
Stepperinnen	15,3	15,3	30,6	—	7,7	30,6	—
Garniererinnen	10,0	17,5	42,5	—	7,5	22,5	—
Lagerarbeiterinnen	33,3	33,3	33,3	16,2	—	16,2	—
Männliche Arbeiter	21,7	26,0	18,4	17,6	8,8	6,6	1,1
Weibliche Arbeiter	15,5	31,0	26,6	3,2	7,2	13,3	2,4
Alle Arbeiter	18,2	28,9	22,8	9,3	7,9	10,7	1,6

4. Landleute. Außer den Erd- und Bauarbeitern ist eine sechste Gruppe „Höhere Berufe" erwähnt worden, worunter Meister, Gastwirte und kleine Geschäftsleute zu verstehen sind.

Es ergibt sich nun, daß von sämtlichen Arbeitskräften 47,1 %, d. h. der größte Prozentsatz Proletarierfamilien entstammt; davon sind 28,9 %, also über 1/4 der Gesamtzahl, aus Textilarbeiterfamilien hervorgegangen. Handwerkerkinder sind 22,8 %; von Landleuten stammen 9,3 % ab; etwas weniger, 7,9 %, von Erd- und Bauarbeitern. Abkömmlinge höherer Schichten sind 10,7 %.

Bei Betrachtung der beruflichen Provenienz der männlichen Arbeiter macht sich ein Unterschied zwischen angelernten und ungelernten Arbeitskräften bemerkbar. So rekrutieren sich die Filzer zu 71,4%, die Matrizenzieher zu 72,8% und die Presser zu 54,6% aus dem Fabrikarbeiterstand. Söhne von Landleuten finden sich auffallend wenig unter ihnen. Dagegen sind die Väter der ungelernten Arbeiter vielfach auf dem Lande tätig gewesen, sei es als kleine Eigentümer, sei es als ländliche Arbeiter; von den Färbern waren 60%, den Anstoßern und Formern 25,0% und den Arbeitern 26,6% Söhne von Landleuten.

Die weiblichen Arbeitskräfte sind zu 46,7% Proletarierkinder, hierin fast den Arbeitern gleichend. Handwerkertöchter sind 26,6%; aus höheren sozialen Schichten stammen 13,3%: demnach sind eine um das Doppelte größere Zahl von den Arbeiterinnen aus „besseren" Familien hervorgegangen, als dies bei den Arbeitern der Fall ist (6,6%). Auffallend wenig Landarbeitertöchter, nur 3,2%, zeigt die Tabelle.

Unsere bisherigen Feststellungen lassen wohl mit einer gewissen Berechtigung den Schluß zu, daß innerhalb der männlichen Arbeiterschaft die Proletarierkinder, speziell die aus Textilarbeiterkreisen stammenden in stärkerem Maß zu den angelernten Arbeiten verwandt werden, als die Kinder der übrigen Berufskategorien, besonders der Landarbeiter. Mit anderen Worten, es scheint eine Auslese der Proletarierkinder für die angelernten männlichen Arbeiten stattzufinden. Bei den Arbeiterinnen tritt ein auswählendes Prinzip in dieser Richtung nicht mit derselben Deutlichkeit hervor.

Wenden wir uns nun noch eine Generation weiter zurück und betrachten die Berufe der Großväter väterlicherseits der befragten Arbeiterschaft unter dem Gesichtspunkt einer etwaigen Proletarisierung der Berufe. — Es wurden dieselben Berufsgruppen unterschieden wie in Tab. 5, und folgende Ergebnisse erzielt:

Von sämtlichen Arbeitern war 37,3% der Beruf ihres Großvaters unbekannt; „den habe ich gar nicht kennen gelernt," war die oft gehörte Begründung oder Entschuldigung der Unkenntnis. Der größte Prozentsatz der Gesamtzahl, 38,0%, waren Landleute, der zweitgrößte, 24,7%, Handwerker gewesen; der Anteil an Textilarbeitern betrug 16,4%, derjenige der Fabrikarbeiter 8,1%, während 5,9% Erd- und Bauarbeiter waren; ein ebenso großer Prozentsatz gehörte den höheren Berufen an.

Ein Vergleich der Berufe der Großväter mit denen der Väter zeigt folgende Verschiebungen: Die Zahl der Landleute unter den Großvätern ist über viermal so groß als unter den Vätern; ferner ist der Anteil der Handwerker in der dritten Generation etwas stärker als in der zweiten. Dagegen sind die Proletarierkinder in der zweiten Generation mit 47,1 %, in der dritten mit 24,5 % vertreten. Einen deutlich erkennbaren Auslesefaktor für die einzelnen Arbeitskategorien läßt der Beruf des Großvaters zum Unterschied von dem des Vaters

[Tab. 6] **Beruf des Großvaters.**

Arbeitskategorien	Fabrik= arbeiter %	Textil= arbeiter %	Hand= werker %	Land= leute %	Erd= und Bau= arbeiter %	Höhere Berufe %	Unbe= kannt %
Filzer	—	25,0	25,0	25,0	—	25,0	42,8
Färber	—	—	—	88,8	—	11,1	10,0
Anstoßer und Former	33,3	—	22,2	44,4	—	—	23,0
Matrizenzieher	22,2	11,1	22,2	33,3	11,1	—	40,0
Presser	—	—	50,0	25,0	25,0	—	63,6
Oberflächenbearbeiter	25,0	25,0	—	25,0	25,0	—	42,8
Arbeiter	—	8,3	24,9	41,5	8,3	16,6	20,0
Burschen	—	30,0	—	50,0	10,0	10,0	33,3
Vorlegerinnen, Abwiegerinnen und Kremplerinnen	25,0	25,0	25,0	25,0	—	—	42,8
Spinnerinnen	—	—	16,6	66,4	—	16,6	45,4
Ausbüßerinnen	—	33,3	—	66,6	—	—	50,0
Mixerinnen	5,2	31,4	15,7	41,6	—	5,2	40,6
Stepperinnen	10,0	10,0	60,0	10,0	—	10,0	23,0
Garnierinnen	4,5	13,5	50,5	27,0	4,5	—	45,0
Lagerarbeiterinnen	20,0	40,0	—	—	40,0	—	16,4
Männliche Arbeiter	10,4	11,1	16,4	45,9	8,2	8,2	30,1
Weibliche Arbeiter	8,2	20,5	31,5	31,5	4,1	4,1	40,1
Alle Arbeiter	8,1	16,4	24,7	38,0	5,9	5,9	37,3

nicht erkennen, wohl aber weist er zurück auf eine Generation vorwiegend agraren Berufs. Das Bild des alten deutschen Agrarstaates zu Beginn des 19. Jahrhunderts liegt vor uns; in der Generation der Väter wird die überwiegend agrare Struktur bereits durch die aufkommende Industrie verdrängt. Die Generationsfolge hat sich häufig in der Weise vollzogen: Bauer oder Landarbeiter (erste Generation) über den Handwerker oder ungelernten Fabrikarbeiter (zweite Generation) zum un= oder angelernten Hutarbeiter (dritte Generation).

Auslese und Anpassung der Arbeiterschaft der geschlossenen Großindustrie. 33

Die Textilarbeiter der dritten Generation waren — wie bei der Befragung festgestellt wurde — meist Tuchweber; in der Umgegend von Luckenwalde nämlich sind unter Friedrich dem Großen, dem Geist des Merkantilismus entsprechend, Weberdörfer angesetzt worden; es wurde zu dieser Zeit auf Handwebstühlen gearbeitet, die heute noch ganz vereinzelt benutzt werden. Um die Mitte des 19. Jahrhunderts setzte sich in Luckenwalde die maschinelle Tuchfabrikation fest, die die Handstühle konkurrenzunfähig machte und zu einer fast gänzlichen Einstellung der Produktion zwang. Für unsere Industrie sind diese Tatsachen nach zweifacher Richtung von Bedeutung: erstens fand die aufkommende Hutindustrie eine textilindustriell geschulte Arbeiterschaft vor, was ihre Entwicklung begünstigte; zweitens ist das Vorhandensein einiger Tuchfabriken am Ort von Einfluß auf das berufliche Schicksal und auf den Stellenwechsel der Arbeiterschaft, wie wir im folgenden Abschnitt näher sehen werden.

4. Die geographische Provenienz der Eltern der befragten Arbeiterschaft.

Die letzte Erörterung über die Herkunft unserer Arbeiterschaft beschäftigt sich mit der geographischen Provenienz der Eltern; von diesen stammt der größte Prozentsatz, 41,5% der Väter und 44,3%

[Tab. 7]   **Geographische Provenienz der Eltern.**

	Aus Luckenwalde		Aus Kreis Jüterbog-Luckenwalde		Aus Provinz Brandenburg		Aus Deutschland		Unbekannt	
	Vater %	Mutter %	Vater %	Mutter %	Vater %	Mutter %	Vater %	Mutter %	Vater %	Mutter %
Alle Arbeiter	25,0	20,1	41,5	44,3	12,8	13,1	13,2	12,5	8,5	10,0

der Mütter, aus dem Kreis Jüterbog-Luckenwalde und zwar aus Dörfern oder kleinen Landstädten. In Luckenwalde selbst hatten schon 25% der Väter und 20,1% der Mütter gelebt. Die Anzahl der aus der Provinz Brandenburg und aus den entfernteren Landesteilen stammenden Eltern ist ungefähr gleich mit etwa 25%.

Unsere Arbeiterschaft hat demnach ihre Wurzeln in Luckenwalde selbst und dessen Umgebung. Eltern wie Großeltern lebten zum überwiegenden Teil auf dem Land; mit dem Übergang Deutschlands vom Agrar- zum Industriestaat beginnt eine Wanderung vom Land zur Stadt, wie dies auch für unser kleines Gebiet bei einem Vergleich des Wohnortes der Eltern mit dem der Kinder sich bemerkbar macht.

Dritter Teil.
Das Berufsschicksal und der außerberufliche Lebensstil der Arbeiterschaft.

I. Das berufliche Schicksal.
1. Die Ausbildung.

Wir haben im vorigen Abschnitt gewisse Ausleseprozesse kennen gelernt, die die untersuchte Wollhutfabrik an der ihr gegenüberstehenden Bevölkerung vornahm. Die Arbeiterschaft ist uns nunmehr nach Alter, geographischer und sozial=beruflicher Provenienz bekannt. Wir beschäftigen uns im folgenden mit ihrem beruflichen Schicksal, das sich äußerlich betrachtet zusammensetzt aus der Stellenzahl, dem Berufs= und Ortswechsel. An diese Betrachtung wird sich eine Erörterung über die Lohnverhältnisse und das Leben der Arbeiter innerhalb des Betriebes schließen, während der letzte Abschnitt uns das außerberuf= liche Leben der Arbeiter vor Augen führen wird.

Wir beginnen mit einigen kurzen Bemerkungen über die Vor= bildung der Befragten. — Sämtliche Arbeitskräfte hatten eine Volks= schule, 13,1% der männlichen Arbeiter außerdem noch eine Fort= bildungsschule besucht. Die Mehrzahl wandte sich nach dem Abgang von der Schule, ohne vorherige fachliche Ausbildung, sofort dem Erwerb zu, wofür auch die Hutindustrie, wie wir im ersten Teil sahen, die Möglichkeit bietet. Eine regelrechte Lehre hatten 28,2% von der Gesamtzahl der männlichen Arbeiter durchgemacht, die aus mannigfachen Gründen vom gelernten Handwerk zur Fabrikarbeit übergegangen waren. Die Verteilung der Handwerker auf die einzelnen Arbeitskategorien ist folgendermaßen: auf die angelernten Hutarbeiter kamen 47,5%, auf die ungelernten 3,4%, was eine bessere Eignung der Handwerker für die qualifizierteren Arbeiten vermuten läßt. Maß= gebend für mehrere Handwerker in die Hutindustrie überzugehen, war die Unmöglichkeit in dem von ihnen gelernten Beruf ausreichende Beschäftigung finden zu können; so hörte ich von einem jetzt als Presser tätigen Korkschneider, „die Maschine habe seine Profession verdorben"; ein anderer meinte, der Lohn wäre so niedrig und die Beschäftigung so gering gewesen, daß ihm die Fabrikarbeit lohnender erschienen sei. Wir sind hiermit auf die

2. Gründe der Berufswahl

unserer Arbeiterschaft gekommen. Bestimmt den Arbeiter eine Neigung sich diesem oder jenem Beruf zuzuwenden, hat er die Freiheit seinem Leben eine gewisse Richtung zu geben oder sind außer ihm liegende zwingende Gründe für seine Berufswahl entscheidend?

[Tab. 8] **Gründe der Berufswahl.**

	Der eigene Wunsch %	Der gute Verdienst %	Der Rat von Eltern und Bekannten %	Der Zufall %	Kein Grund %
Männliche Arbeiter ..	2,1	28,2	2,8	25,6	40,2
Weibliche Arbeiter ..	2,3	15,5	6,8	13,1	62,2
Alle Arbeiter.....	2,3	23,7	5,6	18,2	50,8

Es stellte sich nun heraus, daß der größte Prozentsatz, 50,8% der Gesamtzahl der Befragten, über die Motive, die sie zur Annahme ihrer Tätigkeit bewogen hatte, keine Auskunft geben konnte; 40,2% der Arbeiter und 62,2% der Arbeiterinnen schwiegen bei meiner Frage und sahen mich verwundert an. — Der Zufall hatte 25,6% der männlichen und 13,1% der weiblichen Arbeiter in die Hutindustrie getrieben: man hätte beschäftigungslos Arbeit gesucht und hier seien gerade Stellen frei gewesen. Nur ein geringer Bruchteil, 2,3% der Gesamtarbeiterzahl, hatte sich aus eigenem Wunsch der Hutindustrie zugewandt; die größte Anzahl derer, die sich überhaupt zu der Frage äußerten, 28,2% der Arbeiter und 15,5% der Arbeiterinnen hatte der erhoffte „gute Verdienst" angelockt. Der Rat von Eltern und Bekannten war für 5,6% bei ihrer Berufswahl maßgebend gewesen.

Wir kommen in einer kurzen Zusammenfassung zu folgendem Ergebnis: Die eigene Neigung spielte bei der Berufswahl der befragten

Arbeiterschaft eine verschwindend kleine Rolle, maßgebend ist, soweit Klarheit über die Wahl des Berufes herrscht, die gute Verdienstmöglichkeit, mit anderen Worten das Bindeglied zwischen Arbeiter und Arbeit ist in erster Linie der Lohn, eine Tatsache, die nach der Art der im ersten Teil geschilderten Einzelverrichtungen kaum erstaunlich ist. Ferner scheint die Berufswahl bei den Frauen ein unbewußterer Vorgang zu sein als bei den Männern, was mit der sekundären Rolle, die der Beruf im Leben der Frau spielt, zusammenhängen mag.

3. Stellen-, Berufs- und Ortswechsel; Berufskombinationen.

Die Stellen- und Berufsdauer hängt zum nicht geringen Teil von dem zwischen Arbeiter und Arbeit bestehenden Bindeglied ab, das je nach der Art der Tätigkeit ein persönliches oder ein reines Geldverhältnis ist. Für unsere Arbeiterschaft ist, wie eben angedeutet wurde, letzteres der Fall; die Arbeitsfreude kann infolge der Monotonie der Teilarbeiten nicht aufkommen. Von Einfluß auf den Wechsel ist ferner der Saisoncharakter der Hutindustrie. Für die Fabriken, die sowohl Herrn- wie Damenhüte herstellen — und zu diesen gehört die untersuchte — fällt die Hoch- das ist die Damenhutsaison ungefähr in die Monate Juli und August; am schwächsten ist der Geschäftsgang im April, Mai und Juni: Die Herrnhutsaison ist zu Ende gegangen und die der Damenhüte hat noch nicht begonnen. Zu Beginn und gegen Ende des Jahres ist der Betrieb annähernd gleichmäßig stark beschäftigt. Je nach der Saison nun sind Arbeiterzahl und Lohnhöhe verschieden, und zwar bewegt sich erstere um 180—240 Arbeitskräfte; die meisten Eintritte erfolgen in den Monaten Juli und August, während im Oktober der Austritt derjenigen, die eine andere Verdienstmöglichkeit suchen müssen, am stärksten ist, infolge des Überganges von der Herstellung der Damen- zu den Herrnhüten, deren Produktion ein geringeres Arbeitermaterial benötigt. Ein Teil der Damenhutarbeiter verbleibt meist in der Fabrik, denn in der Regel beherrscht der Arbeiter beide an sich ähnliche Produktionsprozesse, so daß beim Übergang von einer Teilarbeit zu einer anderen nur wenige Tage infolge der Einübung ein etwas geringerer Lohn verdient wird. Der andere Teil der Arbeiter, für den sich keine Beschäftigungsmöglichkeit innerhalb des Betriebes findet, ist zu einem Stellen-, gegebenenfalls zu einem Berufs- und Ortswechsel gezwungen.

Wir haben den Stellenwechsel der Arbeiterschaft in Tabelle 9 zu veranschaulichen versucht. Hierzu wurde, da eine Berücksichtigung des

Auslese und Anpassung der Arbeiterschaft der geschlossenen Großindustrie. 37

jeweiligen Alters notwendig schien, die Arbeiterschaft in vier Altersgruppen geteilt, die durchschnittliche Berufsdauer jeder Gruppe festgestellt und solche Arbeiter und Arbeiterinnen unterschieden, die entweder 1—5 Stellen oder 6—12 Stellen inne gehabt hatten; ein mehr als zwölfmaliger Wechsel war bei den Befragten nicht vorgekommen.

In allen vier Altersklassen übertrifft die Gesamtzahl derjenigen Arbeitskräfte, die ihre Stellung weniger als sechsmal wechselten, die Zahl derer, bei denen ein über fünfmaliger Wechsel vorkam. Am schärfsten zeigt sich dieser Unterschied bei den Leuten von 14—21 Jahren, deren durchschnittliche Berufsdauer $3^{1}/_{2}$ Jahre beträgt; hier hatten 80,9 % weniger, entsprechend 19,1 % mehr als sechsmal die Stelle gewechselt, d. h. die letzteren hatten öfter als durchschnittlich jedes halbe

[Tab. 9] **Stellenwechsel.**

Alter:	14.—21. L.		22.—30. L.		31.—40. L.		41.—70. L.	
Durchschnittliche Berufsdauer:	$3^{1}/_{2}$ Jahre		12 Jahre		$21^{1}/_{2}$ Jahre		$41^{1}/_{2}$ Jahre	
Anzahl der Stellen:	1—5 %	6—12 %	1—5 %	6—12 %	1—5 %	6—12 %	1—5 %	6—12 %
Männliche Arbeiter . .	63,3	36,7	40,8	59,2	36,4	63,6	54,2	45,8
Weibliche Arbeiter . .	87,1	12,9	94,5	5,5	90,0	10,0	66,7	33,3
Alle Arbeiter	80,9	19,1	71,5	28,5	61,9	38,1	62,9	47,1

Jahr einen Betrieb mit dem anderen vertauscht. Die zweite Altersklasse mit einer durchschnittlichen Berufsdauer von 12 Jahren weist 28,5 % Arbeitskräfte auf, die mehr als sechs Stellen inne hatten, also fast alle $1^{1}/_{2}$ Jahr die Stelle wechselten. Unter den Leuten von 31 bis 40 Jahren, deren durchschnittliche Berufsdauer $21^{1}/_{2}$ Jahr beträgt, wechselten 38,1 % alle 2,3 Jahre den Betrieb. Von den Arbeitskräften der letzten Altersgruppe wechselten 47,1 % alle $4^{1}/_{2}$ Jahre den Betrieb.

Ein Vergleich des Stellenwechsels der männlichen und weiblichen Arbeiter zeigt in allen Altersklassen einen lebhafteren Wechsel bei den Männern als bei den Frauen. Während der Stellenwechsel bei den Arbeiterinnen der ersten und letzten Altersgruppe mit 12,9 % bzw. 33,3 % der regste ist, ist dies bei den Arbeitern zwischen dem 22. bis 40. Lebensjahr der Fall mit 59,2 % resp. 63,6 %. Ferner ist der Prozentsatz der Arbeiterinnen, welche häufiger als fünfmal die Stelle gewechselt haben, bedeutend niedriger als der der gleichaltrigen Arbeiter. So haben von den 14—21 jährigen Arbeitskräften 36,7 % der männlichen und 12,9 % der weiblichen 6—12 Stellen inne gehabt; in der zweiten Altersgruppe stellt sich dies Verhältnis auf 59,2 bzw. 5,5%, in der dritten auf 63,6 und 10%, während die Differenz in der vierten Altersklasse mit 45,8 und 33,3 % weniger groß ist.

Dieser Stellenwechsel kann wohl ein beträchtlicher genannt werden, besonders wenn man berücksichtigt, daß nur eine Stelle verschwindend wenige Arbeiter inne hatten; die unter der Rubrik 1—5 Stellen Aufgezählten hatten in den meisten Fällen 4—5 mal einen Betrieb mit einem anderen vertauscht. Die größere Stabilität der Frauen scheint darauf hinzudeuten, daß das berufliche Schicksal der Arbeiterinnen eintöniger verläuft als dasjenige der Arbeiter. Bevor wir hierüber

[Tab. 10] **Berufswechsel.**

Alter:	14.—21. L.		22.—30. L.			31.—40. L.			41.—70. L.		
Durchschnittliche Berufsdauer:	3½ Jahre		12 Jahre			21½ Jahre			41½ Jahre		
Anzahl der Berufe:	1 %	2-4 %	1 %	2-4 %	5-10 %	1 %	2-4 %	5-10 %	1 %	2-4 %	5-10 %
Männliche Arbeiter	21,1	78,9	18,5	55,5	26,0	31,8	59,1	9,1	—	83,3	16,7
Weibliche Arbeiter	33,3	66,6	44,4	55,6	—	40,0	60,0	—	25,0	75,0	—
Alle Arbeiter	30,1	69,9	33,3	55,5	11,2	35,7	59,6	4,7	8,3	80,8	11,1

Abschließendes sagen, betrachten wir vorerst den Berufs- und Ortswechsel unserer Arbeiterschaft.

Der Berufswechsel ist in Tabelle 10 wiederum im Zusammenhang mit dem Alter und der Berufsdauer dargestellt. Als ein Beruf wurde angesehen: die angelernte Arbeit in der Hutindustrie einerseits, und die ungelernte Arbeit andrerseits. Wir stellen vorerst diejenigen der Gesamtarbeiterzahl fest, die während ihrer Berufsdauer in einem Beruf verharrt sind; ihre Anzahl ist in den drei ersten Altersgruppen annähernd gleich groß; sie beträgt 30,1 % in der ersten, 33,3 % in der zweiten und 35,7 % in der dritten Altersstufe. Von den Leuten zwischen 41 und 70 Jahren sind 8,3 % ihrem einmal erwählten Berufe treu geblieben. Am stärksten sind in allen vier Altersklassen die Arbeitskräfte vertreten, die 2—4 mal ihren Beruf wechselten. Ein mehr als fünfmaliger Berufswechsel kam in der zweiten Altersklasse mit 11,2 %, in der dritten mit 4,7 % und in der vierten mit 11,1 % vor.

Erhebliche Verschiedenheiten zeigt der Berufswechsel der Arbeiter und Arbeiterinnen: von den 14—21 jährigen Arbeiterinnen hatten 33,3%, von den gleichaltrigen Arbeitern nur 21,1% einen Beruf gehabt; ähnlich ist dies Verhältnis in der dritten Altersklasse mit 31,8% und 40%. Eine stärkere Differenz zeigt die zweite und vierte Altersgruppe: in der ersteren hatten 18,5% der männlichen, dagegen 44,4% der weiblichen Arbeiter an dem einmal ergriffenen Beruf festgehalten, während dies bei den 41—70 jährigen Arbeitskräften nur bei 25% der Arbeiterinnen der Fall war. Bei letzteren kommt ein mehr als viermaliger Berufswechsel überhaupt nicht vor, der bei den Arbeitern mit 26% in der zweiten Altersklasse am stärksten ist, in der dritten 9,1% und in der vierten 16,7% beträgt.

[Tab. 11] **Ortswechsel.**

Alter:	14.—21. L.			22.—30. L.			31.—40. L.			41.—70. L.		
Durchschnittliche Berufsdauer:	3½ Jahre			12 Jahre			21½ Jahre			41½ Jahre		
Gewesen in Orten:	Nur in Luckenwalde %	2-5 %	über 5 %	Nur in Luckenwalde %	2-5 %	über 5 %	Nur in Luckenwalde %	2-5 %	über 5 %	Nur in Luckenwalde %	2-5 %	über 5 %
Männliche Arbeiter ..	57,9	36,9	5,2	44,4	37,1	18,5	45,4	40,9	13,7	41,5	46,0	12,5
Weibliche Arbeiter ..	83,4	16,6	—	86,4	11,1	2,5	80,0	20,0	—	58,4	41,6	—
Alle Arbeiter	48,6	29,6	1,8	68,5	22,2	9,3	62,5	30,4	7,1	47,2	44,5	8,3

Als letzte Etappe des beruflichen Schicksals fragen wir jetzt nach dem Ortswechsel unserer Arbeiterschaft. Die vier Altersklassen wurden beibehalten und die Arbeiter in solche geteilt, die nur in Luckenwalde, in zwei bis fünf Orten und in über fünf Orten beruflich tätig gewesen waren.

Von der Gesamtarbeiterzahl hatte in allen Altersklassen der größte Prozentsatz nur in Luckenwalde gearbeitet; in der ersten und vierten Gruppe 48,6% bzw. 47,2%; in der zweiten und dritten 68,5 bzw. 62,5%. In über fünf Orten hatten von den jugendlichen Arbeitskräften 1,8%, von den 22—30 jährigen 9,3%, den 31—40 jährigen 7,1% und den 41—70 jährigen 8,3% gearbeitet. Der Anteil der in zwei bis fünf Orten tätig Gewesenen schwankt in den vier Altersgruppen zwischen 22—45%.

Die unterschiedliche Mobilität, die wir hinsichtlich des Stellen- und Berufswechsels bei männlichen und weiblichen Arbeitern konstatiert haben, treffen wir ebenfalls bei gesonderter Betrachtung des Ortswechsels an: so hatte von den Arbeiterinnen ein beträchtlich größerer Prozentsatz als von den gleichaltrigen Arbeitern nur in Luckenwalde gearbeitet. In mehr als fünf Orten waren nur 2,5 % der Arbeiterinnen, die der zweiten Altersklasse angehören, tätig gewesen, die derselben Altersklasse angehörigen Arbeiter weisen mit 18,5 % den stärksten Ortswechsel auf. Während ihrer beruflichen Laufbahn waren immer etwa 20 % Arbeiter mehr als Arbeiterinnen in zwei bis fünf Orten gewesen; diese Differenz ist lediglich für die 41—70 jährigen Leute nicht zutreffend, wo 46 % der männlichen und 41,6 % der weiblichen zwei bis fünfmal den Ort wechselten.

Die Gründe, die als entscheidend für Stellen-, Berufs- und Ortswechsel angegeben wurden, waren im wesentlichen von dem Wunsch nach Beibehaltung oder Steigerung der Lebenshaltung getragen; so war die häufigste Antwort „ich habe dort aufgehört zu arbeiten, um mich zu verbessern". Streitigkeiten mit Vorgesetzten, die die Entlassung zur Folge hatten, waren nicht selten auf Lohnabzüge zurückzuführen. Solche Arbeiter, die früher längere Zeit bei der Landarbeit tätig gewesen waren, gaben als Grund ihres Berufswechsels an, daß die Löhne zu niedrig gewesen seien, als daß sie mit einer Familie davon hätten leben können; wenn schon einige die Landarbeit und das Landleben der industriellen Tätigkeit und dem Leben in der Stadt vorzogen, waren sie der Ansicht, daß es unmöglich sei bei den bestehenden Lohnverhältnissen dort zu verharren. — Für den Wechsel der jugendlichen Arbeiter war vielfach der Wunsch noch etwas anderes zu lernen, ein Stück von der Welt zu sehen, maßgebend. Bei den Frauen war die Stellen- und Berufsveränderung in vielen Fällen durch die Heirat bedingt. Die Arbeiterin verläßt dann meist auf einige Wochen die Fabrik und muß, falls die Stelle nicht für sie freigehalten wird, wie das bei besonders tüchtigen Arbeitskräften der Fall ist, eine andere Verdienstmöglichkeit suchen. Übrigens ist die Angabe des Grundes bei den Frauen meist farbloser, allgemeiner gefaßt gewesen, als bei den Männern; so hieß es oft: „ich wollte mich verändern", oder: „es hat mir dort nicht mehr gefallen". Oft genügt das bloße Gefühl einer Zurücksetzung, um die Arbeiterin zu einer Kündigung zu veranlassen.

Die Berufskombinationen sind bis zu einem gewissen Grade abhängig von den in Luckenwalde ansässigen Industrien, unter denen

Auslese und Anpassung der Arbeiterschaft der geschlossenen Großindustrie. 41

die Tuch- und Metallindustrie die größte Ausdehnung haben. Die häufigste Kombination bei den ungelernten Arbeitern war: mehrere Jahre Knecht — Lohnkutscher — Bahnarbeiter — Holz- — Tuch- — und Hutarbeiter. Der Berufsgang der angelernten Arbeiter verläuft in etwas anderen Linien, was eine Folge der sozialen und geographischen Provenienz wie der Vorbildung sein dürfte. Wie erinnerlich, hatte ein Teil der angelernten Arbeiter eine mehrjährige Lehr- und Gesellenzeit durchgemacht, ein weiterer Bruchteil hatte seine berufliche Laufbahn mit der Textilindustrie begonnen. So war der Berufsgang eines Pressers: Schuhmacher — Tucharbeiter — Presser; eines anderen Schraubendreher — Matrizenzieher und Presser. Ein Matrizenzieher war Schmied und Metallarbeiter gewesen; ein Filzer: Musiker, Hausdiener und Hutarbeiter. Etwa ein Sechstel der männlichen Arbeiter hatten nur in der Textilindustrie gearbeitet, waren also Tuch- und Hutarbeiter gewesen. Wie mannigfaltig sich das Berufsleben eines modernen Arbeiters gestalten kann, geht aus den Angaben eines jungen Arbeiters hervor; dieser war: Kesselbauarbeiter, Hilfsarbeiter bei einem Schulhausbau, landwirtschaftlicher Arbeiter, Seiltänzer, bei der Weinlese beschäftigt, in einem Steinbruch tätig und fand schließlich Beschäftigung in der Hutindustrie.

Das Berufsschicksal der Arbeiterinnen, das einförmiger verläuft als das der Arbeiter, läßt keinen deutlichen Unterschied zwischen an- und ungelernten Arbeitskräften wahrnehmen. Über ein Drittel der weiblichen Arbeiter hatten nur einen Beruf ausgeübt, ein weiteres Drittel war nach mehrjährigem Aufenthalt in häuslichen Diensten zur Fabrikarbeit übergegangen. Bei der Restzahl waren folgende Kombinationen häufig: Stellung — Tuch- — Hutindustrie oder Bronze- — Karton- — Hutfabrik, ferner Stellung — Papier- — Bronze- — Hutfabrik. Der Übergang aus dem häuslichen Dienst zur Fabrikarbeit war erfolgt, weil man sich, wie die Mädchen meinten, doch nicht „ewig kommandieren lassen wollte".

Um das Berufsschicksal unserer Arbeiterschaft vollständig zu überblicken, stellen wir nunmehr noch die Aufenthaltsdauer der Arbeitskräfte in der untersuchten Fabrik selbst fest; hieran knüpfen wir die Frage, wie stark die Anteilnahme unserer Arbeiter an der beruflichen Interessenvertretung ist und zwar unter dem Gesichtspunkt, welchen Anteil die einzelnen Arbeitergruppen an der Berufsorganisation haben.

4. Dauer der Stellung in der Fabrik; Anteil der Arbeitergruppen an der Berufsorganisation.

Unter Berücksichtigung der bekannten vier Altersklassen wurde ermittelt, wieviele Arbeiter 1, 2—3, 4—8 und über 8 Jahre in dem Betrieb beschäftigt waren:

[Tab. 12]

Alter:	14.—21. L.			22.—30. L.				31.—40. L.				41.—70. L.			
Durchschnittl. Berufsdauer:	3½ Jahre			12 Jahre				21½ Jahre				41½ Jahre			
Aufenthalt in der Fabrik:	1 %	2–3 %	über 3 %	1 %	2–3 %	4–8 %	über 8 %	1 %	2–3 %	4–8 %	über 8 %	1 %	2–3 %	4–8 %	über 8 %
Männliche Arbeiter	84,3	15,7	—	51,8	7,4	25,9	14,8	13,6	22,6	36,3	27,2	8,3	12,5	29,2	50,0
Weibliche Arbeiter	40,7	44,4	3,7	50,0	2,7	36,1	10,8	45,0	5,0	20,0	30,0	8,3	—	25,0	64,7
Alle Arbeiter	52,0	45,3	2,7	50,5	4,7	30,6	14,2	28,5	14,3	28,5	28,5	8,3	8,3	27,6	55,2

Wir bemerken nun, daß ein deutlicher Zusammenhang besteht zwischen Alter und Berufsdauer: mit steigendem Alter wächst die Stabilität sowohl bei der Gesamtarbeiterzahl, als auch bei den Arbeitern und Arbeiterinnen. Von sämtlichen jugendlichen Arbeitskräften waren 52 % noch nicht ein Jahr in der Fabrik tätig; in den drei folgenden Altersklassen sinkt der Anteil dieser Gruppe auf 50,5 % in der zweiten, 28,5 % in der dritten und 8,3 % in der vierten Altersklasse. Dementsprechend steigt die Anzahl der über acht Jahre in dem Betrieb Beschäftigten von 14,2 % der 22—30 jährigen, 28,5 % der 31—40 jährigen und 55,2 % der älteren Arbeiter. Eine gesonderte Analyse der männlichen und weiblichen Berufsdauer zeigt eine stärkere Stabilität der Arbeiterinnen, die nur in der dritten Altersklasse eine Ausnahme erfährt, wo 50 % der weiblichen und 63,5 % der männlichen Arbeiter mehr als vier Jahre in dem Unternehmen beschäftigt waren. Dagegen waren in der zweiten Altersklasse 46,9 % der Arbeiterinnen und 40,7 % der Arbeiter, in der vierten 89,7 % weibliche und 79,2 % männliche Arbeitskräfte über vier Jahre in dem Betrieb tätig.

Bevor wir die Ergebnisse über das Berufsschicksal der Arbeiterschaft zusammenfassen, wollen wir feststellen, wie stark die einzelnen Arbeitskategorien an der beruflichen Interessenvertretung beteiligt sind:

[Tab. 13]

Arbeitskategorien	Organisiert %	Nicht organisiert %
Filzer	85,8	14,2
Färber	30,0	70,0
Anstoßer und Former	75,0	25,0
Matrizenzieher	100,0	—
Presser	100,0	—
Oberflächenbearbeiter	100,0	—
Arbeiter	60,0	40,0
Vorlegerinnen, Abwiegerinnen und Kremplerinnen	28,5	71,5
Spinnerinnen	72,7	27,3
Ausbüßerinnen	83,3	16,7
Mixerinnen	84,3	15,7
Stepperinnen } Garniererinnen }	41,1	58,9
Männliche Arbeiter	78,9	21,1
Weibliche Arbeiter	56,9	43,1
Alle Arbeiter	63,6	36,4

Der Berufsorganisation gehörte der überwiegende Teil, 63,6 % der Gesamtarbeiterzahl, an; die männlichen Arbeiter waren zu 78,9 %, die weiblichen zu 56,9 % organisiert. Fast sämtliche angelernte Arbeiter waren Mitglieder des Verbandes, nur 14,2 % der Filzer standen außerhalb desselben. Von den ungelernten Arbeitskräften sind 70 % der Färber, 25 % der Anstoßer und Former, sowie 40 % der Arbeiter nicht organisiert. Das Fernbleiben vom Verband war das Merkmal der gesicherten Existenz einerseits — einige der Außenseiter waren Hausbesitzer —, des niederen Lohnes andrerseits. Letzteres ist für die Färber zutreffend, die meinten, sie könnten von ihrem Lohn den Beitrag nicht bezahlen. Ein alter, lange Zeit in der Fabrik tätiger Färber bemerkte, man solle die Frauen aus der Fabrik schaffen, was nach seiner Ansicht eine Lohnsteigerung zur Folge haben würde; dann wolle er gern den Mitgliedsbeitrag zahlen. Die schwierige Gewinnung der Färber für den Organisationsgedanken scheint mit ihrer geographischen Provenienz und ihrem Berufsgang zusammenzuhängen. Vom Lande stammend, sind sie nach einer 6—12 jährigen landwirtschaftlichen Tätigkeit erst im vorgerückten Alter in die Industrie übergegangen und infolgedessen einem Zusammenschluß weniger geneigt als Arbeiter, die dem Industrieproletariat entstammen.

Auch bei den Arbeiterinnen liegt die Vermutung nahe, daß die soziale Provenienz einen gewissen Einfluß auf die Neigung, sich der Berufsorganisation anzuschließen, ausübt. Von den beiden größeren Gruppen waren 15,7 % der Mixerinnen, dagegen 58,9 % der Stepperinnen und Garniererinnen nicht organisiert; erstere nun rekrutieren sich zu 65,1 %, letztere zu 30,6 % aus Proletarierkreisen; d. h. die aus Handwerker- und höheren Berufskreisen stammenden Arbeiterinnen scheinen weniger geneigt der Organisation beizutreten als die Proletariertöchter, bei denen ein Einfluß des Milieus zugunsten des Organisationsgedankens wohl anzunehmen ist.

Wir haben im vorangehenden Abschnitt den Versuch gemacht, ein Bild des beruflichen Schicksals der Arbeiterschaft zu geben, das rein äußerlich betrachtet ein buntes, abwechslungsreiches Bild bot. Der Stellen-, Berufs- und Ortswechsel, der durch subjektive und objektive Momente bedingt war, konnte wohl lebhaft genannt werden. Er war am regsten bei den Arbeitskräften zwischen dem 22. bis 30. Lebensjahr; die weiblichen Arbeiter wiesen eine größere Stabilität auf als die männlichen. — Betrachten wir das Berufsschicksal von der inhaltlichen Seite und erinnern uns zu diesem Zweck an die oben erwähnten Berufskombinationen, so können wir in geringerem Maße von einem abwechslungsreichen Berufsleben der Arbeiter sprechen. Die heute in jedem Großbetrieb vorherrschende, durch technische und ökonomische Faktoren bedingte Arbeitsteilung hat zu einer solchen Monotonie der einzelnen Arbeitsverrichtungen geführt, daß der Übergang von einer Teilarbeit zu einer anderen keine erhebliche Abwechslung — es sei denn in der Arbeitsumgebung — bedeutet. Die Tätigkeit einer ungelernten Arbeiterin beispielsweise in einer Karton-, Bronze- oder Hutfabrik, wo es sich entweder um schneiden, verpacken oder Wolle vorlegen handelt, verläuft im Grunde ziemlich ähnlich und das gleiche gilt auch von den qualifizierteren Arbeiten innerhalb der Textilindustrie. Ein Wechsel schien mir nicht selten veranlaßt durch die Eintönigkeit der Arbeitsverrichtungen und vielleicht ist es kein Zufall, daß Arbeiter, die einen besonders intelligenten Eindruck machten, starke Mobilität in ihrem Berufsgang zeigten, da von ihnen die einseitige Inanspruchnahme des psycho-physischen Apparates besonders drückend empfunden wird.

II. Die Lohnverhältnisse.

1. Die Lohnformen und die Stellungnahme der Arbeiterschaft zu ihnen.

Für unsere Erhebung ist der Zusammenhang zwischen Lohnform und Arbeitsrhythmus einerseits, Leistungsfähigkeit und Provenienz andrerseits von Interesse. Aus Gründen, die im Material liegen und später näher angegeben werden sollen, konnte der Einfluß der Herkunft auf die Leistungsfähigkeit nicht ermittelt werden; wir beschäftigen uns daher in diesem Abschnitt nur mit den Lohnformen, der Stellungnahme der Arbeiterschaft zu denselben und der Lohnhöhe der einzelnen Arbeitergruppen.

Die in der Fabrik angewandten Entlöhnungsmethoden waren: 1. fester Wochenlohn; 2. Zeitlohn; 3. Stücklohn und 4. genossenschaftliche Arbeit auf Stücklohnbasis. Festen Wochenlohn beziehen Meister, Direktricen und Fabrikhandwerker. In Zeitlohn werden diejenigen Verrichtungen ausgeführt, bei denen entweder eine Bemessung nach Stücken unmöglich ist, wie bei der Färberarbeit, oder solche, bei denen die Bedienung wertvoller, leicht beschädigter Maschinen eine vorsichtige Behandlung erfordert; hierher gehört das Krempeln und Vorlegen. Eine für Stückentlöhnung völlig ungeeignete Tätigkeit ist naturgemäß das Abwiegen der Stumpen, wobei es in erster Linie auf die Genauigkeit des Gewichts ankommt, die aller Wahrscheinlichkeit nach unter dem Streben nach der Quantität leiden würde. Stücklohn beziehen sämtliche angelernte Arbeitskräfte, männliche wie weibliche, außerdem noch die Anstoßer und Former. Eine besondere auf Stücklohn basierende Lohnform ist die genossenschaftliche Arbeit, die durch folgende Merkmale gekennzeichnet wird (Schloß-Bernhard: Handbuch der Löhnungsmethoden S. 141):

1. „Die Mitglieder der genossenschaftlichen Gruppe verbinden sich aus freiem Entschluß, und sie bestimmen selbst, wieviele und welche Personen die Gruppe bilden sollen.

2. Die vereinigten Arbeiter wählen den Vormann (in unserem Fall denjenigen, der die Arbeit verteilt) aus ihrer eigenen Mitte.

3. Sie vereinbaren die Verteilung des Kollektivlohns unter sich nach einem für gerecht und billig erachteten Maßstab."

Bestand schien diese Arbeits- und Lohnform nur bei den Pressern zu haben, wo schon mehrere Jahre in dieser Weise gearbeitet wurde, während bei den Matrizenziehern Streitigkeiten und Eifersüchteleien zum Zusammenbruch der Genossenschaft und zur Rückkehr zum Einzelstücklohn geführt hatte. Die Presser gehörten alle, ohne Ausnahme, dieser Arbeitsgemeinschaft an; in anderen Stationen habe ich nur 2, 3 oder 4 Arbeiter bzw. Arbeiterinnen gefunden, die sich zur Arbeit auf gemeinsame Rechnung zusammentaten. Dies war der Fall bei einigen Anstoßern und Formern, Oberflächenbearbeitern, etlichen Garniererinnen und Stepperinnen. — Die besondere Eignung dieser Arbeits- und Lohnform für die Presser liegt in der Tatsache, daß der einzelne auf die Hilfe seiner Kollegen bei der Arbeit angewiesen ist, und daß durch diesen Zusammenschluß der Arbeits- und damit der Lohnertrag der größtmöglichste ist. Würde nämlich jeder Presser für eigene Rechnung arbeiten, so hätte er erhebliche Zeitverluste infolge häufigen Formenwechsels, der bei jeder neuen Hutform zu vollziehen wäre. Dieser wird dadurch vermieden, daß die Genossenschaft die einzelnen Formen verlost, so daß immer längere Zeit ein und demselben Arbeiter die seiner Metallform entsprechenden Hüte zugewiesen werden. Verdienstdifferenzen, die durch die unterschiedliche Bezahlung der einzelnen Formen hervortreten würden, werden durch eine gleiche Verteilung des gemeinsamen Arbeitsentgelts unter die Genossen vermieden.

Diese demokratische Entlöhnungsform hat ungefähr gleich fähige Arbeitskräfte und ein starkes Maß von Solidaritätsgefühl zur Voraussetzung, da der tüchtigere Arbeiter seinen Verdienst mit dem weniger leistungsfähigen Kollegen teilt und ihn bei der Arbeit unterstützt. Natürlich achtet die Gesamtheit der Presser sorgsam auf die Arbeitstauglichkeit des Neueintretenden, der vor seiner Aufnahme in die Genossenschaft erst eine Probe seiner Leistungsfähigkeit zu liefern hat. Erreicht er das Durchschnittsquantum in der Güte eines Gruppenarbeiters nicht, so kann er der Vereinigung nicht beitreten. Es wird ihm dann auch schwer gemacht in der Station zu bleiben, da man es vorzieht, dem Arbeitgeber geschlossen gegenüberzustehen. Diese Geschlossenheit ist unter anderem von Wert bei der Festsetzung von Stücklohnsätzen für neueingeführte Hutformen. Bekanntlich beruht der Stücklohn auf einer Zeitbasis, d. h. der Stundenlohn wird dividiert durch die Anzahl der in dieser Zeit gefertigten Stücke und hiernach der Stückpreis festgesetzt, der um so größer ist, je weniger Produkte in der Zeiteinheit hergestellt worden sind. Das Bestreben des Arbeiters ist es, den Fabrikanten die in der Stunde gefertigte Stückzahl nicht wissen zu lassen, sondern nach gemeinsamer Verabredung mit den

Kollegen eine Anzahl zu nennen. In einer geschlossenen Gruppe ist nun dieses Ziel weit eher zu erreichen, als bei oftmals durch Eifersüchteleien zerspaltenen Stücklohnarbeitern. Während meines Aufenthalts in der Fabrik hatte ich Gelegenheit die Einführung eines neuen Lohnsatzes für eine schwierige Damenhutform zu beobachten. Einzeln befragt gaben die im Stundenlohn tätigen Presser nicht an, wieviel Stücke sie in einer Stunde hergestellt hatten, sondern dies geschah erst nach gemeinsamer Vereinbarung. Für den Arbeitgeber liegt in diesem festen Zusammenschluß eine Unbequemlichkeit, weil er in Konflikten gegen die Gruppe steht und eine gemeinsame Arbeitsniederlegung derselben eine empfindliche Betriebsstörung zur Folge haben kann.

Der allgemeineren Durchführung dieses genossenschaftlichen Arbeitssystems stehen erhebliche Schwierigkeiten entgegen; wie wir bereits erwähnten, führten Eifersüchteleien zu einem schnellen Bruch der Gemeinschaft. — Ein hoher Wert dieser Arbeitsform liegt, wie auch Bernhard anerkennt, in der Unmöglichkeit die Arbeit ungerecht zu verteilen, was nicht selten zu Mißhelligkeiten zwischen Arbeitern und Meistern führte. Auch gehässige Redereien, die sich auf das Strebertum der Hochentlohnten bezogen, und diese, wie ich bemerken konnte, veranlaßte, die Höhe ihres Wochenlohns zu verheimlichen, fallen bei dem oben geschilderten System fort.

Den Einfluß der Lohnform auf den Arbeitsrhythmus hatte ich an folgendem Beispiel Gelegenheit im Betrieb zu beobachten. Im ersten Teil wurde die gemeinsame Arbeitsweise der Vorlegerinnen und Spinnerinnen einerseits, der Filzer und Ausbüßerinnen andrerseits beschrieben und erwähnt, daß die Vorlegerinnen nach der Zeit, Spinnerinnen, Filzer und Ausbüßerinnen nach Stückzahl entlohnt werden. Daraus ergab sich: die Vorlegerinnen standen öfters plaudernd in kleinen Gruppen zusammen und eilten erst nach energischem Zuruf ihrer Spinnerinnen oder durch das Nahen des Meisters bewogen an ihre Maschine, während die Ausbüßerinnen mit großer Emsigkeit ihren Filzern vorarbeiteten und danach trachteten keine Minute Zeit zu verlieren.

Die eben besprochenen in der Fabrik üblichen Lohnformen bezwecken, vom Unternehmerstandpunkt aus betrachtet, die Erzielung eines möglichst günstigen Arbeitserfolgs, der in der Mehrzahl der Fälle durch Einführung des Stücklohns, der die rationellste Lohnform der kapitalistischen Betriebsweise bildet, erreicht wird. Wir wollen jetzt diese Lohnformen vom Standpunkt der Arbeiterschaft aus betrachten und ihre

Stellungnahme zu denselben kennen lernen. — Es wurde zu ermitteln gesucht, welche Art der Entlöhnung die Arbeiter bei freier Wahl und gleicher Verdienstmöglichkeit vorziehen würden und aus welchem Grunde; ferner welche Art der Entlöhnung bei der gegenwärtigen Lage des Betriebes für sie einträglicher sei.

Keineswegs alle Arbeiter waren sich über diese Fragen, die für sie von so einschneidender Bedeutung sind, im klaren; speziell den Arbeiterinnen war das Lohnproblem kaum Gegenstand des Nachdenkens gewesen. Denen, die sich zu der Frage äußerten, wäre ein fester Wochenlohn, wie ihn die Meister beziehen, das Erwünschteste: hierdurch wäre ihnen die Sicherheit der Existenz für die Dauer der Stellung garantiert und die Lohnschwankungen beseitigt, die infolge des Saisoncharakters und der wechselnden Konjunktur, wie wir noch sehen werden, nicht unerheblich sind. Die angelernten Arbeiter gaben zu, daß bei der gegenwärtigen Lage des Betriebes Stücklohn für sie einträglicher sei, jedoch bevorzugten sie mit drei Ausnahmen, gleiche Verdienstmöglichkeit vorausgesetzt, den Zeitlohn. Dieser Wunsch entsprang zwei verschiedenen Motiven, einem egoistischen und einem altruistischen. Ersterer wurde bedeutend häufiger geäußert: „weil bei Zeitlohn nicht so intensiv gearbeitet wird, und man deshalb seine Gesundheit mehr schonen kann"; andere drückten diesen Gedanken mit dem bekannten Schlagwort aus: Akkordarbeit ist Mordarbeit! — Die im Interesse des Fabrikanten für Zeitlohn eintretenden Arbeiter meinten: „bei Zeitlohn seien sie in ihrem Verdienst nicht an die Zahl der Dutzend gebunden, und könnten deshalb jedem kleinen Fehler am Fabrikat besser nachgehen als beim Stücklohn". Diese Stellungnahme läßt ein gewisses Maß von Verantwortlichkeitsgefühl für die Qualität der abgelieferten Ware erkennen; ein sittliches Moment schiebt sich zwischen das reine Geldverhältnis und die Freude an der Güte des eigenen Werks tritt hervor.

Diejenigen Stücklöhner, die nicht im Zeitlohn arbeiten wollten, begründeten ihre Ansicht damit, daß bei der von ihnen bevorzugten Lohnform die Zeit schneller vergehe: das Lohninteresse an der Fertigstellung möglichst vieler Stücke lasse die Stunden vergessen, die einem endlos vorkämen, sobald man nach der Zeit bezahlt würde. Dieses sagten Leute, die unter beiden Systemen gearbeitet hatten. In dieser Äußerung steckt eine deutliche Empfindung der Arbeitsmonotonie, die, wie wir bereits erwähnten, nur durch die Aussicht auf möglichst großen Verdienst um einiges gemildert wird. Diese Ver=

Auslese und Anpassung der Arbeiterschaft der geschlossenen Großindustrie. 49

dienstmöglichkeiten der Hutindustrie wollen wir jetzt näher ins Auge fassen.

2. Geschlecht, Arbeit und Lohnhöhe.

Es wurden die wöchentlichen Höchst=, Niedrigst= und Durchschnitts= verdienste jeder Arbeitergruppe ermittelt, und zwar wurde als Repräsentant der Gruppe ein von der Fabrikleitung als Durchschnitts= arbeiter bezeichneter, der mindestens ein volles Jahr in dem Betrieb tätig war, für die Berechnung gewählt. Die Höchstverdienste, die während der Damenhutsaison verdient werden, betragen bei den er= wachsenen männlichen Arbeitern 3—16 Mk., bei den Arbeiterinnen 2—8 Mk. mehr als der Durchschnittsverdienst; während in den ruhigen Zeiten das Arbeitsentgelt auf die Hälfte, ja auf weniger des durch= schnittlichen Lohnes sank. Wir betrachten nur letzteren genauer und stellen zuerst die Frage, wie verhalten sich Geschlecht und Lohnhöhe, wie steht es um den Verdienst von Arbeitern und Arbeiterinnen?

[Tab. 14]

Arbeitskategorien	Verdienst		
	Niedrigst= Mk.	Durchschnitts= Mk.	Höchst= Mk.
Filzer	8,2	20,4	25,2
Färber	13,2	16,5	19,1
Anstoßer und Former	10,3	22,6	26,5
Matrizenzieher	18,3	29,6	45,6
Presser	17,8	29,8	44,7
Oberflächenbearbeiter	13,9	26,3	34,2
Arbeiter	12,6	19,1	24,3
Burschen	6,3	8,2	9,7
Vorlegerinnen, Abwiegerinnen und Kremplerinnen	4,2	7,8	9,1
Spinnerinnen	5,7	11,6	16,9
Ausbüßerinnen	5,3	10,1	14,6
Mixerinnen	7,8	14,6	17,9
Stepperinnen	8,2	16,2	24,2
Garniererinnen	6,1	12,3	17,1
Lagerarbeiterinnen	5,1	6,0	7,2

Die Stepperinnen, die bestentlohnten angelernten Arbeiterinnen beziehen fast den gleichen Lohn wie die ungelernten Färber, die von den erwachsenen Arbeitern den niedrigsten Lohn erhalten. Es wird also eine der qualifiziertesten weiblichen Arbeiten in derselben Höhe entlohnt, wie die am wenigsten Anforderungen stellende männliche ungelernte Tätigkeit; der Nominallohn beträgt für beide Kategorien rund 16 Mk. Der Wochendurchschnittsverdienst der Mixerinnen ist mit 14,6 Mk. fast 2 Mk. niedriger als der der Stepperinnen und um mehr als 2 Mk. höher als der Lohn der Garniererinnen, der 12,3 Mk. beträgt.

Den Färbern folgen in der Lohnhöhe die „Arbeiter" mit 19,1 Mk. per Woche, diesen die Filzer mit 20,4 Mk.; die Anstoßer und Former verdienen durchschnittlich 22,6 Mk., also etwa 2 Mk. mehr als die Filzer. Die drei höchst entlohnten Arbeitskategorien sind die Oberflächenbearbeiter, Matrizenzieher und Presser. Der Lohn der beiden letztgenannten hat mit rund 29 Mk. pro Woche fast die gleiche Höhe; die Oberflächenbearbeiter verdienen 26,3 Mk.; Presser und Matrizenzieher verdienen fast dreimal soviel wie die Ausbüßerinnen (10,1 Mk.) und beinahe viermal soviel wie die Vorlegerinnen (7,8 Mk.); der Lohn der Spinnerinnen beläuft sich auf 11,6 Mk. pro Woche.

Es besteht demnach eine ziemlich starke Differenz zwischen den Verdiensten der männlichen und weiblichen Arbeiter. Außerdem zeigt sich, daß die Löhne mit den Anforderungen, die an den psycho-physischen Apparat der Arbeiter gestellt werden, steigen. Eine Abweichung von dieser Regel scheint vorzuliegen bei den Filzern und Oberflächenbearbeitern einerseits, den Spinnerinnen und Mixerinnen andrerseits. Die höhere Entlöhnung von Oberflächenbearbeitern und Mixerinnen, trotz ihrer muskulär weniger anstrengenden Tätigkeit, erklärt sich wohl aus der größeren Verantwortlichkeit, die diese beiden Gruppen dem Halbfabrikat gegenüber haben. Dieses repräsentiert bereits einen bedeutend höheren Wert als das Fach, an dem Filzer und Spinnerinnen tätig sind. Während nun die Möglichkeit Fehler am Halb- und Fertigfabrikat ungeschehen zu machen gering, wenn nicht unmöglich ist, kann ein unbrauchbares Fach zerrissen und die Wolle nochmals verarbeitet werden. Aus diesem Grunde findet bei der Einstellung von solchen Arbeitern, die am Halb- und Fertigfabrikat zu tun haben, eine Auslese in der Weise statt, daß besonders vorsichtige gewandte Arbeitskräfte gewählt werden. Wo die Möglichkeit einer Qualitätsentwertung geringer ist oder fehlt, wie beispielsweise bei den Garniererinnen, die mit der Hand arbeiten und Fehler leicht beseitigen können, ist dann auch die Entlöhnung niedriger als bei den Mixerinnen.

Die letzte Frage, die wir uns im Zusammenhang mit den Lohnverhältnissen stellen, ist die nach den Beziehungen zwischen Alter und Lohnhöhe. Diese Ermittlungen waren — ebenso wie die Feststellung

Auslese und Anpassung der Arbeiterschaft der geschlossenen Großindustrie. 51

des Einflusses der Provenienz auf die Leistungsfähigkeit — mit einer Ausnahme aus Gründen, die im Material liegen, unmöglich. Es ließ sich nämlich die Einzelleistung für sämtliche genossenschaftlich tätigen Arbeiter nicht ermitteln. Diese führen wohl Leistungsverzeichnisse unter sich, aber im Lohnbuch der Firma ist jeder von ihnen mit dem gleichen Verdienst aufgeführt. Deshalb kamen für unseren Zweck die Presser, ein Teil der Matrizenzieher, Oberflächenbearbeiter, Anstoßer und Former, ebenfalls einige von den Stepperinnen nicht in Frage. Die Restzahl der eben genannten Arbeitskategorien bot aber für die einzelnen Altersgruppen ein zu kleines Material, auf Grund dessen es möglich gewesen wäre zu einigermaßen zufallsfreien Resultaten zu gelangen. Es konnte daher das Verhältnis von Alter und Lohnhöhe nur für die Garniererinnen ermittelt werden und zwar auf folgende Weise: es wurden vier Altersklassen gebildet und die Durchschnittsverdienste einer voll beschäftigten Woche von mindestens fünf gleichaltrigen mehrere Monate geübten Garniererinnen festgestellt:

[Tab. 15] **Alter und Lohnhöhe.**

Alter	14.—21. L.	22.—30. L.	31.—40. L.	41.—60. L.
Durchschnittsverdienst	13,5 Mk.	16,2 Mk.	14,5 Mk.	12,6 Mk.

Danach war die Leistungsfähigkeit der 22—30 jährigen Arbeitskräfte mit einem Wochenverdienst von 16,2 Mk. die größte. Es folgt die dritte Altersklasse mit 14,5 Mk., die den jugendlichen Garniererinnen um 1 Mk. voraus ist. Bei den 41—60 jährigen Arbeiterinnen sinkt der Verdienst auf 12,6 Mk. — Eine ähnliche Untersuchung von Dr. Marie Bernays über die Verhältnisse der „Gladbacher Spinnerei und Weberei" kommt in der Feststellung von Alter und Lohnhöhe sämtlicher Arbeiterinnen zu dem gleichen Ergebnis (Leipzig 1910, S. 272) der Leistungsfähigkeit der verschiedenen Altersstufen.

Wir schließen hiermit aus oben erwähnten Gründen unsere Betrachtung über die Lohnverhältnisse ab, um uns dem Leben des Arbeiters innerhalb des Fabrikbetriebes zuzuwenden. Welche Stellung nimmt der einzelne, die Gruppe in der Fabrik ein, wie stehen sich Arbeiter und Vorgesetzte gegenüber, und ist für den Arbeiter die Möglichkeit gegeben in eine Meisterstelle aufzurücken?

III. Der Arbeiter im Betrieb.
1. Die Gruppenbildung der Arbeiterschaft.

Die Arbeiterschaft des Betriebes tritt uns nicht als homogene Masse entgegen; wir haben innerhalb der Gesamtheit nach der Art der Teilarbeiten verschiedene Arbeitskategorien unterschieden, die auch im Leben der Arbeiterschaft insofern eine Rolle spielen, als sich die mit der gleichen Teilarbeit Beschäftigten den anderen gegenüber als mehr oder weniger geschlossene Gruppe empfinden. Diese Erscheinung ist um so weniger erstaunlich, als wir bestimmte Verschiedenheiten der geographischen und sozialen Provenienz für einzelne Arbeitskategorien festgestellt haben, so daß wir wohl verstehen können, daß jede größere Gruppe einen bestimmten Charakter trägt, der sich schon in der Kleidung, nicht selten im Wesen der Leute äußert. Außer diesem Unterschied infolge der Provenienz ist die „soziale Differenzierung" der Arbeitermasse hauptsächlich bedingt durch die Lohnhöhe. In dem bereits zitierten Buch von Schloß=Bernhard heißt es zu diesem Punkt (S. 78): „der Arbeiter, der wöchentlich 40 Mk. nach Hause bringt, fühlt sich allmählich zu einer ganz anderen Kategorie gehörig als derjenige, der bei denselben Akkordsätzen nur 30 Mk. in der Woche verdient. Er fühlt, daß er an Kraft und Verstand den Durchschnittsarbeiter überragt. Diese Unterschiede, die nichts Verletzendes haben, sondern allmählich durch ihr stetiges Vorhandensein verschiedene Wertklassen der Leistungsfähigkeit schaffen, diese Unterschiede sind der innerste Grund der sozialen Differenzierung. Denn aus diesen Akkordunterschieden baut sich das Leben und die Laufbahn der Arbeiter auf." Was hier von der Wirkung der Lohnunterschiede innerhalb derselben Gruppe gesagt ist, gilt um so mehr von Lohndifferenzen verschiedener Gruppen.

Neben Provenienz und Lohnhöhe tritt als weiteres differenzierendes Moment die Wertung einzelner Teilarbeiten seitens der Arbeiterschaft und der Bevölkerung. Lohnhöhe und Arbeitswertung, die nicht in allen Fällen mit der ersteren Hand in Hand geht, äußern sich bis zu einem gewissen Grade in der Kleidung. So unterscheidet das hierfür geschärfte Auge schon von weitem den dürftig aussehenden Färber von den Aristokraten der Hutindustrie, dem Matrizenzieher und Presser. Ersterer, der bei seiner schmutzigen Tätigkeit stundenlanges Rühren mit der unförmigen Holzgabel gewohnt ist, geht schwerfälligen Ganges aus der Fabrik; neben ihm sieht der meist kräftig gebaute Presser wie

Auslese und Anpassung der Arbeiterschaft der geschlossenen Großindustrie. 53

ein ehrsamer Handwerker aus, der äußerlich auf sich hält und im guten reinlichen Anzug den Betrieb verläßt. Filzer und Oberflächenbearbeiter weisen schon infolge ihrer kleineren Zahl weniger typische äußere Merkmale auf, wie beispielsweise die Presser, deren Geschlossenheit ihnen kein geringes Ansehen bei den übrigen Arbeitern verschafft. Oberflächenbearbeiter, Filzer, Anstoßer und Former sowie „Arbeiter" bilden den „Mittelstand" der männlichen Hutarbeiter; während die beiden erstgenannten Kategorien eher zur Elite zählen, stehen die „Arbeiter" mehr auf dem Niveau der Färber.

Die geschätzteste Gruppe innerhalb der weiblichen Arbeiterschaft ist die der Stepperinnen und Garniererinnen. Bei der Bewertung der letztgenannten ist die Ehre der Arbeit ausschlaggebend, nicht die Lohnhöhe, die, wie wir sahen, um einige Mark hinter dem Arbeitsentgelt der Mixerinnen zurückbleibt. In den Augen der dortigen Bevölkerung stehen die Stepperinnen und Garniererinnen etwa auf dem Niveau der Näherin; wie mir auch ein Presser, den ich nach dem Beruf seiner Tochter fragte, angab, daß sie Näherin sei, während sich bei näherer Erkundigung herausstellte, daß sich ihre Tätigkeit als Garniererin in einer Fabrik abspielte.

Mir scheint diese Würdigung folgende Gründe zu haben:

1. Garnieren sowohl wie Steppen liegen in der traditionell weiblichen Beschäftigungssphäre; demzufolge wird es als selbstverständlicher empfunden, daß eine Frau garnieren geht, als filzen oder mixen, beides ursprünglich Männerarbeiten.

2. ist speziell Garnieren eine saubere, nicht von Maschinenlärm begleitete Tätigkeit, die meist in großen hellen Sälen ausgeführt wird und sich dadurch vorteilhaft von den staubigen Mix- und Spinnräumen unterscheidet.

3. Vollziehen sich beiderlei Arbeiten unter weiblichen Vorgesetzten, Direktricen, wodurch eine Berührung mit Arbeitern seltener ist als bei der übrigen weiblichen Arbeiterschaft, die entweder mit diesen gemeinsam oder unter Leitung von Meistern arbeiten. Hierdurch vermindert sich die sittliche Gefahr, die in der gemeinsamen Tätigkeit beider Geschlechter liegt, so daß sich sorgsame Eltern eher entschließen ihre Tochter als Garniererin, denn als Mixerin oder Ausbüßerin in die Fabrik zu schicken.

Bei diesen beiden Gruppen macht sich eine gewisse Zurückhaltung den übrigen Arbeiterinnen gegenüber bemerkbar, was sie leicht mißliebig macht. Von den Spinnerinnen und Mixerinnen hörte ich häufig

„die Garniererinnen wollen ja nichts von uns wissen, die halten sich für etwas Besseres, als wir es sind". Dieser Äußerung mag eine gewisse tatsächliche Berechtigung mit Hinsicht auf die unterschiedliche soziale Provenienz der Stepperinnen und Garniererinnen einerseits, der Mixerinnen und Spinnerinnen andrerseits zukommen: die beiden ersteren rekrutieren sich nämlich zu über 60 % aus Handwerker- und höheren Berufskreisen, während dies bei den Spinnerinnen mit 36,4 %, den Mixerinnen mit 18,6 % der Fall ist (siehe Tab. 5, S. 30). Rein äußerlich machen sich diese Verschiedenheiten schon in der Kleidung bemerkbar.

Wir haben soeben gesehen, daß die Arbeitermasse nach Provenienz, Lohnhöhe und Arbeitswertung gegliedert in einzelne Gruppen zerfällt. Diese halten nun auch in erster Linie zusammen, unterstützen sich bei der Arbeit und nehmen gegenseitigen Anteil an persönlichen Erlebnissen. Der Zusammenhang ist natürlicherweise ein engerer in den Stationen, die frei von Maschinenlärm sind, wodurch Gespräche während der Arbeit möglich werden, wie beispielsweise im Garniersaal: hier sitzen etwa 10—20 Frauen und Mädchen an langen Tafeln, auf denen das Arbeitsmaterial aufgeschichtet ist, nebeneinander, plaudern lebhaft während der Arbeit, singen gemeinsame Lieder und vertreiben sich die Pausen mit Rätsel- und Wahrsagespielen. Bei festlichen Anlässen, Geburtstagen oder Verlobungen prangt der Tisch von Blumen und Geschenken, die aus gemeinsamen Sammlungen der Tischgenossen hervorgegangen sind. Die Geschenke bestehen meist in einem Beitrag für die künftige Wirtschaft; besonders beliebt sind Vasen, von denen die allerbuntesten bevorzugt werden. Solche, das Leben im Betrieb verschönernde Feiern habe ich auch in anderen Stationen, jedoch nie bei der männlichen Arbeiterschaft angefunden.

Die Unterhaltung während der Arbeit drehte sich meist um den „Schatz" und die künftige Ehe; außerdem bilden Theatervorstellungen, meist leichte Operetten und der recht beliebte Kinematograph den Gesprächsstoff der jugendlichen Arbeiter und Arbeiterinnen. — Vielfach sah ich in den Arbeitsräumen Bilder der verschiedensten Art angeheftet, die bei männlichen und weiblichen Arbeitern einen andersartigen Charakter trugen; während nämlich die letzteren reich gekleidete Frauen aus Modezeitungen anhefteten, schmückten die Männer die kahlen Fabrikwände mit illustrierten Witzen, die nicht selten politischer Art waren.

Bevor wir uns dem außerberuflichen Leben der Arbeiterschaft

zuwenden, soll noch kurz einiges über das Verhältnis von Arbeitern und Vorgesetzten und die Vorbildung der letzteren gesagt werden, womit alsdann die Möglichkeit gegeben ist, festzustellen: ob der einfache Arbeiter zu einem verhältnismäßig verantwortlichen, sozial höher gewerteten Posten aufsteigen kann.

2. Der Arbeiter und seine Vorgesetzten.

Der Meister, der der Vertreter des Fabrikanten in den einzelnen Stationen ist, hat dessen Interesse wahrzunehmen und steht damit von vornherein in einem gewissen Gegensatz zur Arbeiterschaft, wenngleich er schon derselben geographischen und sozialen Provenienz ist wie diese. Eine höhere Schulbildung scheint ebenfalls nicht zur Bekleidung eines Meisterpostens notwendig zu sein; in unserem Fall war sie derjenigen der Arbeiter gleich. Ferner war eine eigentlich fachliche Ausbildung in Werkmeisterschulen oder dergleichen nur die Voraussetzung für die Färber- und Spinnmeisterstelle. Ersterer muß mit den Farbenmischungen und ihren Wirkungen vertraut sein, was er während einiger Monate auf einer Fachschule oder bei einem Färbermeister im Betrieb selbst lernen kann. Für einen tüchtigen Spinnmeister ist gleichfalls eine mehrmonatliche Lehrzeit in der Fabrik selbst erforderlich. Die Funktionen des Meisters bestehen in der Verteilung und Überwachung der Ware, für deren tadellose Ablieferung er Sorge zu tragen hat. Außerdem wird von ihm Verständnis für die in seiner Station benutzten Maschinen verlangt; er muß sie „stellen" und einfache Reparaturen an ihnen vornehmen können. In dem untersuchten Betrieb unterstand den Meistern auch die selbständige Einstellung und Entlassung der Arbeitskräfte. Mit dieser Methode hatte die Fabrikleitung gute Erfolge erzielt, weil die Vorgesetzten, infolge der ihnen obliegenden Verantwortlichkeit für die Qualität der Ware, ein eigenes Interesse daran hatten, gute Arbeiter heranzuziehen und zu halten, untüchtige dagegen abzustoßen.

Durch Umsicht und Interesse war — für den untersuchten Betrieb — der größere Teil der Meister, die als einfache Arbeiter begonnen hatten, in die höheren Stellen aufgerückt. Dieselbe Möglichkeit ist also auch für unsere Arbeiter gegeben, nur darf nicht unberücksichtigt bleiben, daß diese Wahrscheinlichkeit für die große Masse der Arbeitskräfte, gemessen an der Zahl der in Betracht kommenden höheren Posten, recht gering ist.

Übrigens war eine Meisterstelle keineswegs das erwünschte Ziel aller Arbeiter; hierfür wurden zwei Gründe geltend gemacht: der erste entsprang einer gewissen Bequemlichkeit: man zog es vor, Arbeiter zu bleiben, um die Verantwortung und den Ärger eines Meisters nicht zu haben. Der zweite war der Ausfluß eines starken Klassenbewußtseins. Diese Leute wollten nicht den Standpunkt des Unternehmers vertreten und seine Interessen wahrnehmen.

Daß ein Arbeiter in seiner eigenen Station Meister wird, kommt vor, gehört jedoch zu den Seltenheiten, da es für ihn naturgemäß mit Schwierigkeiten verbunden ist, sich die nötige Autorität bei seinen früheren Kollegen zu verschaffen. Während meines Aufenthalts in der Fabrik konnte ich einen solchen Fall beobachten: ein tüchtiger Filzereiarbeiter war wegen plötzlicher Erkrankung des Meisters zu seinem Nachfolger aufgerückt. Er hatte sich erstaunlich schnell in seine Rolle gefunden: „Bei anfänglicher Widersetzlichkeit hätte er den Filzern mit Entlassung gedroht, worauf die Leute gefügig geworden seien."

Hiermit sind wir auf das Verhältnis von Arbeitern und Vorgesetzten gekommen, das im allgemeinen ein freundliches war. Mißhelligkeiten stellten sich ein, wenn Arbeiter durch die ihnen zugewiesene Arbeit benachteiligt zu sein glaubten oder ihnen häufig Ware zur nochmaligen Bearbeitung zurückgegeben wurde. Bei solchen Anlässen kam es vor, daß der Betreffende seinen Unwillen in ungebührlicher Weise äußerte und dadurch den Meister mit Rücksicht auf seine Autorität zur Entlassung nötigte. — Ein Beschwerderecht bei vermeintlich ungerechter Behandlung bei der Fabrikleitung steht dem Arbeiter zu. —

Die Direktricen versicherten mir, daß mit ihren 40—50 Garniererinnen, infolge deren großer Empfindlichkeit ein schwieriges Auskommen sei; allzu leicht fühle sich eine Arbeiterin durch die Art, in der zu ihr gesprochen wurde und durch die ihr erteilte Arbeit beleidigt und geneigt anderswo ihre Arbeitskraft zu verwenden; umgekehrt wird den Direktricen Schroffheit und Ungerechtigkeit zum Vorwurf gemacht.

Nach dem Eindruck meiner Beobachtungen und Unterhaltungen sind die gut gelohnten Arbeiter meist die besonneneren, die sich mit einer gewissen Sachlichkeit über Arbeits- und Lohnverhältnisse äußerten; auch schien mir der Lebensstandard nicht ohne Einfluß auf die soziale und politische Gesinnung der Leute zu sein. Auf alle Fälle darf man sich die Arbeiterschaft „nicht als eine uniforme, gleichmäßige und gleichwertige Masse vorstellen" (Göhre: 3 Monate Fabrikarbeiter, Leipzig

1891, S. 142), sondern, wie ich zu zeigen versuchte, als in einzelne Gruppen zerfallend, denen durch Provenienz und Lohnhöhe ihr charakteristisches Gepräge verliehen wird.

IV. Der außerberufliche Lebensstil der Arbeiterschaft.

Das außerberufliche Leben des Proletariers wird — von der Individualität des einzelnen abgesehen — bestimmt durch Arbeitsart, Lohn und Zeit. Diese drei Faktoren haben für jede Industrie ihr spezifisches Gepräge, so daß man in dem Lebensstil einer Arbeiterschaft gewissermaßen eine Anpassung an die Bedingungen seiner Industrie sehen kann. — Von Arbeitsart und Lohn ist in den vorangehenden Abschnitten die Rede gewesen; die Arbeitszeit verläuft in dem untersuchten Betrieb folgendermaßen: es wurde von 6 Uhr morgens bis 5½ Uhr abends gearbeitet, mit einer ½ stündigen Frühstücks- und einer 1½ stündigen Mittagspause, also im ganzen 9½ Stunden, so daß dem Arbeiter 3—3½ Stunden für sein persönliches Leben bleiben. —

Bei der Wichtigkeit der Wohnung für Leben und Gesundheit beginnen wir mit den Wohnungsverhältnissen der befragten Arbeiterschaft.

1. Wohnungsverhältnisse.

[Tab. 16]

	Eigenes Haus mit Garten und Acker %	Mietwohnung mit Acker %	Zur Miete %	Bei den Eltern %	Kost %
Männliche Arbeiter .	13,0	10,2	48,6	21,7	6,5
Weibliche Arbeiter. .	2,4	0,8	38,8	54,0	4,0
Alle Arbeiter	7,0	5,1	42,7	40,1	5,1

Das Wohnen im eigenen Hause deutet auf die wirtschaftlich gesichertste Existenz hin; in dieser Lage waren 7% der Gesamtarbeiterzahl, davon 13% der männlichen und 2,4% der weiblichen Arbeiter. Der größte Teil, 88,3%, der Leute, die jugendlichen Arbeitskräfte, die bei den Eltern lebten, eingerechnet, wohnten zur Miete. 5,1% von diesen besaßen ein Stück Ackerland, was auf einen höheren Lebens=

standard schließen läßt. Eine außerberufliche landwirtschaftliche Beschäftigung ist bei der dortigen Arbeiterschaft nichts Seltenes; es wird hierüber unten Näheres gesagt werden. Die Zahl der unverheirateten Arbeitskräfte, die in „Kost und Logis", d. h. selbständig lebten, war gering; sie betrug für die Arbeiter 6,5%, für die Arbeiterinnen 4%.

Ein gewisser Unterschied macht sich zwischen der Wohnweise der Arbeiter und Arbeiterinnen bemerkbar. Sehen wir nämlich das Wohnen im eigenen Hause und zur Miete mit gleichzeitigem Besitz von Ackerland als Merkmal der verhältnismäßig gesichertsten Existenz an, so gilt dies für 23,2% Männer und nur 3,2% Frauen; dies mag seinen Grund darin haben, daß die Lage der verheirateten Fabrikarbeiterin, um die es sich in diesem Fall handelt, meist dürftiger ist als die des Arbeiters, da sie häufig durch Krankheit oder Untüchtigkeit des Mannes zum Erwerb gezwungen wird. — Die jugendlichen weiblichen und männlichen Arbeiter wohnten zum überwiegenden Teil im Hause der Eltern; diese günstige Wohnweise ist eine Folge der Verwendbarkeit einheimischer Elemente für die Hutindustrie. Die in ausreichender Anzahl vorhandene ansässige Bevölkerung genügt den an sie gestellten Anforderungen und macht dadurch die Heranziehung jugendlicher Personen aus anderen Landesteilen, die auf Arbeiterinnenheime oder Schlafstellen angewiesen wären, überflüssig.

2. Zahl der Verheirateten, Kinderzahl, deren Sterblichkeit und Berufe der Kinder.

Von weitreichender Bedeutung für die Lebensweise der Arbeiterschaft ist der Familienstand, über den nunmehr einiges gesagt werden soll:

[Tab. 17] **Heiratsfrequenz.**

Alter:	17—20 %	21—30 %	31—40 %	41—70 %	Durchschnittliches Heiratsalter
Männliche Arbeiter . . .	—	62,9	100,0	100,0	24,8
Weibliche Arbeiter . . .	2,5	44,4	70,0	75,0	23,6
Alle Arbeiter	2,5	65,5	73,4	89,1	24,2

Es waren von der Gesamtzahl der im gesetzlich heiratsfähigen Alter stehenden 58,8% verheiratet; davon 86,2% der über 21 Jahre alten männlichen und 37% der über 16 Jahre alten weiblichen Ar=

Auslese und Anpassung der Arbeiterschaft der geschlossenen Großindustrie. 59

beiter. Die Verteilung der Verheirateten auf die verschiedenen Altersklassen ist bei Arbeitern und Arbeiterinnen eine recht verschiedenartige. Nur 2,5 % der 17—20 jährigen Arbeiterinnen waren verheiratet, eine Tatsache, die in dem Durchschnittsheiratsalter von 23,6 Jahren und in dem frühen gesetzlich heiratsfähigen Alter des weiblichen Geschlechts eine Erklärung finden mag. Von den 21—30 jährigen weiblichen Arbeitskräften sind 44,4 %, von den gleichaltrigen männlichen dagegen 62,9 % verheiratet; das durchschnittliche Heiratsalter der Männer beträgt 24,8 Jahre, ist mithin nur um etwas mehr als ein Jahr höher als das der Frauen. Während nun die Arbeiter der beiden nächsten Altersklassen sämtlich verheiratet waren, war dies bei den Frauen zu 70 % bzw. 75 % der Fall. Es zeigt sich also eine verhältnismäßig viel geringere Anwesenheit verheirateter Frauen als Männer in der Fabrik, was in der zweiten Altersklasse vielleicht damit zusammenhängt, daß junge Frauen eine Erwerbstätigkeit im Hause oder eine nur stundenweise außerhäusliche Beschäftigung einer ganztägigen Abwesenheit vom Hause im Interesse der noch nicht schulpflichtigen Kinder vorziehen. Eine solche häusliche Verdienstmöglichkeit bietet die Hutindustrie ebenfalls, denn bei gutem Geschäftsgang ist es in den dortigen Fabriken üblich, Hüte auch außerhalb der Fabrik garnieren zu lassen. Häufig begegneten mir Frauen mit großen Kartons, die entweder Ware holen oder abliefern kamen und nicht selten hörte ich, daß der Grund ihrer häuslichen Tätigkeit in der Beaufsichtigung kleiner Kinder liege.

Die Kinderzahl der 106 verheirateten Arbeiter und Arbeiterinnen, die in der Zeit der Erhebung in dem Unternehmen beschäftigt waren, betrug 276 oder 2,6 Kinder pro Familie.

[Tab. 18]

	Zahl der Verheirateten	Zahl der Verheirateten in Prozenten der Heiratsfähigen	Durchschnittliche Ehedauer	Gesamtzahl der Kinder	Kinderzahl pro Kopf der Familie	Zahl der lebenden Kinder
Männliche Arbeiter	63	86,2	15 J.	175	2,8	132 od. 75,4 %
Weibliche Arbeiter	43	37,0	11 J.	101	2,3	72 „ 71,3 %

Von den 43 verheirateten Frauen wurden 101 Kinder geboren, also durchschnittlich 2,3 Kinder pro Familie. Die 63 verheirateten Arbeiter waren Väter von 175 Kindern; hier kamen im Durchschnitt

2,8 Kinder auf jede Familie. Es wurde also in beiden Familien=
gruppen etwa alle fünf Jahre ein Kind geboren; diese Ähnlichkeit ist
nicht erstaunlich, denn die Frauen der im Betrieb tätigen Arbeiter
waren ebenfalls zu mehr als der Hälfte außer dem Hause beschäftigt,
sei es gleichfalls als Fabrikarbeiterin, sei es als Gelegenheitsarbeiterin;
womit gesagt sein soll, daß sich ihr Leben — wenn auch gesicherter
durch den regelmäßigen Verdienst des Mannes — im wesentlichen
unter ähnlichen Umständen abspielt wie das unserer verheirateten Ar=
beiterinnen. Aus diesem Grunde ist die Ähnlichkeit der Geburten=
häufigkeit nicht verwunderlich.

Dasselbe gilt von den Zahlen, die sich auf die Kindersterblichkeit
beziehen, die gleichfalls nur eine geringe Abweichung aufweisen. So
lebten von den Kindern der männlichen Arbeiter noch 75,4 %, von
denen der weiblichen 71,2 %. — Kinderzahl und Sterblichkeit der ein=
zelnen Arbeitskategorien zu vergleichen hätte infolge der Kleinheit der
Ziffern zufällige Resultate ergeben, weshalb bei Aufstellung der Tabelle
auf diese Angaben verzichtet wurde. —

Von den 175 Kindern der in der Fabrik tätigen Arbeiter standen
48 : 28 Söhne und 20 Töchter bereits im erwerbsfähigen Alter. Deren
Berufe wollen wir jetzt einer näheren Betrachtung unterziehen, da es
für unsere Erhebung von Interesse ist zu erfahren, einmal ob bei den
Söhnen eine Neigung besteht dem Beruf des Vaters zu folgen, und
ferner, ob sich in der folgenden Generation eine weitere Proletarisierung
oder ein Aufrücken in höhere Berufskategorien bemerkbar macht.

[Tab. 19] **Berufe der Kinder.**

Berufskategorien	Fabrikarbeiter		Hutarbeiter		Stellung	Erd= u. Bau= arbeiter	Hand= werker	Höhere Berufe	
	Söhne	Töchter	Söhne	Töchter	Töchter	Söhne	Söhne	Söhne	Töchter
Färber	—	3	1	1	2	5	1	—	—
Anstoßer u. Former	—	2	—	2	—	—	2	1	—
Matrizenzieher . . .	—	—	2	2	—	2	4	—	1
Presser	1	—	—	3	—	—	4	2	1
Arbeiter	—	1	1	2	—	—	2	—	—
Alle Arbeiter	1; 3,8 %	6; 30 %	4; 14,2 %	10; 50 %	2; 10,0 %	7; 25,0 %	13; 46,4 %	3; 10,7 %	2; 10,0 %

Eine Lehrzeit hatten 57,1 % der Söhne durchgemacht: 46,4 %
eine handwerksmäßige, 10,7 % eine kaufmännische. Fabrikarbeiter
waren 18,5 %, davon 14,2 % Hutarbeiter, also ein verhältnismäßig
niedriger Prozentsatz; der übrige Teil, 25 %, waren Erd= und Bau=
arbeiter geworden.

Eine eigentliche Ausbildung hatten von den Töchtern nur 10 % erhalten; hier waren 80 % zur Fabrikarbeit, 50 % von diesen in eine Hutfabrik gegangen, während weitere 10 % in häuslichen Diensten Beschäftigung gefunden hatten.

Demnach ist von den Söhnen ein beträchtlicher Teil zu qualifizierten Berufen aufgestiegen und zwar sind von diesen über die Hälfte Kinder der bestgelohnten Arbeiter, der Matrizenzieher und Presser; denselben Arbeitsgruppen gehören die Töchter an, die einen „höheren Beruf" ergreifen durften. Im allgemeinen scheinen für eine sachliche Ausbildung der Töchter weniger Mittel aufgewendet zu werden; hierfür mag der entscheidende Grund sein, daß auch in diesen sozialen Schichten der Beruf der Mädchen mehr als vorübergehende Erwerbsquelle angesehen wird, für den man, wenn überhaupt, geringere Aufwendungen macht als für die Ausbildung der Söhne.

Auf alle Fälle war Beruf und Zukunft der Kinder ein Gegenstand regsten Interesses für Arbeiter und Arbeiterinnen; oftmals hörte ich: „man arbeitet doch schließlich nur so, damit die Kinder es mal besser haben als wir"; und besonders groß war die Freude über Kinder, die vorangekommen, es weiter gebracht hatten als die Eltern. Die Liebe zu den Kindern klang als erfreulicher Grundton durch diese Unterhaltungen.

3. Außerberufliche Tätigkeit, Erholungen, Vergnügungen und Lebensziele der Arbeiterschaft.

Die Stunden nach der Tagesarbeit und der Sonntag ist die Zeit, in der der Arbeiter sich selbst gehört, wo er vom Zwang der eintönigen, geistig abstumpfenden Tätigkeit befreit ist; wie nun füllt er diese Zeit aus, welches sind seine Erholungen und Vergnügungen?

Gleich anfangs möchte ich hervorheben, daß man von alledem bei der verheirateten Fabrikarbeiterin kaum sprechen kann, die vollauf durch ihren zweiten Beruf in Anspruch genommen wird: nach der Last des Tages beginnt für sie die Sorge für Haushalt und Kinder. Da sie um sechs Uhr früh das Haus verläßt, werden erst abends die Zimmer aufgeräumt, Sachen geflickt und das Essen für den nächsten Tag vorbereitet. Kurz: sie findet kaum eine ruhige Minute; selbst der Sonntag gehört zum Teil der Hausarbeit, denn „mal müsse man doch richtig sauber machen und waschen". Diese überlasteten Frauen kommen nicht zum Lesen, einer beliebten Erholung der übrigen Arbeiter: „wir sind froh, wenn wir nichts tun und ganz still sitzen können, höchstens sehen wir mal in die Zeitung". — Eine erfreuliche außerberufliche Tätigkeit einer Anzahl älterer Arbeiter und Arbeiterinnen ist die Landarbeit, sei es die Bewirtschaftung des eigenen Feldes, sei es die Hilfe, die Bekannten gegen Entgelt geleistet wird. Meist solche Leute ländlicher Provenienz, die durch längeren Aufenthalt auf dem Lande Erfahrungen besitzen, erwerben vor der Stadt ein Stück Ackerland, das sie mit ihrer Familie bewirtschaften. Diese Vereinigung von industrieller und agrarer Beschäftigung fand sich bei 20% der männlichen und etwa der Hälfte der weiblichen Arbeiter; letztere waren in den seltensten Fällen Besitzerinnen, sie „halfen mit, um noch etwas dazu zu verdienen".

Die Erholungen und Vergnügungen der erwachsenen männlichen Arbeiter bestanden im „ausruhen, lesen und spazierengehen". Für einige bildete Musik die erwünschte Zerstreuung nach der Tagesarbeit, während andere sich in ihren Mußestunden am liebsten mit ihren Kindern beschäftigten.

Als Lektüre nannten die Männer in erster Linie die Zeitung, und zwar den „Vorwärts" und die ebenfalls sozialdemokratische „Brandenburgische Zeitung"; ein intelligenter, viel gewanderter Presser las die „sozialistischen Monatshefte". Außerdem bildeten populäre Geschichtswerke und leichte naturwissenschaftliche Aufsätze beliebte Lesestoffe, besonders der jüngeren Arbeiter. Letztere bezeichneten als ihre Haupterholung den Sport: Turnen, Radfahren, Angeln und Fußballspielen. — Die 14—16 jährigen Arbeiter unterscheiden sich in ihrer Lieblingslektüre nicht wesentlich von den Knaben der höheren Klassen: Indianer- und Räubergeschichten wurden von ihnen bevorzugt.

Bei den Arbeiterinnen tritt das Lesen zugunsten der Handarbeit zurück. Diejenigen, die gern ein Buch zur Hand nahmen, bekundeten einen anderen Geschmack als die Arbeiter: „Liebesgeschichten, Romane aus Modeblättern, überhaupt alle Romane, die wir in die Finger bekommen", gab man mir auf meine Frage zur Antwort.

Mit ernsthafterer Lektüre beschäftigten sich nur zwei Garniererinnen, von denen die eine „Naturbeschreibungen und allerhand belehrende Schriften" las, während die andere ein lebhaftes Interesse für Schiller bekundete: sie kannte seine Gedichte, die Räuber, Don Carlos und die Braut von Messina.

Als Erholung wurde mir auch von vier Arbeiterinnen der Kirchenbesuch des Sonntags angegeben; die meisten Frauen meinten, sie hätten dazu keine Zeit. Von den Männern gingen höchstens die älteren in die Kirche; ein Teil der Arbeiter war überhaupt aus der Kirchengemeinschaft ausgetreten und gab mit einem gewissen Stolz an, Dissidenten zu sein.

Die sonntägliche Erholung der verheirateten Arbeiter besteht in einem Spaziergang mit ihrer Familie; die der unverheirateten in Theatervorstellungen und Tanz, daneben sind die Kinematographenvorstellungen recht beliebt.

Von allen an die Arbeiter gestellten Fragen erregte wohl die nach den früheren und jetzigen Wünschen und Lebenszielen das größte Erstaunen; erst bei näherer Erläuterung des Sinnes dieser Frage kamen die Antworten: die unverheirateten Arbeiterinnen wünschten fast alle sich zu verheiraten, aber so, „daß man zu Hause bleiben kann und nicht in die Fabrik gehen muß, sonst haben wir's ja so besser".

Bei den älteren Leuten hieß es vielfach: „ich möchte im Alter sorgenfrei leben können" oder „ich möchte später mal nicht mehr arbeiten brauchen, wie die reichen Leute". Bei den jüngeren Arbeitern machte sich der Wunsch selbständig zu werden geltend: so wollte der eine gern „auf eigene Hand ein kleines Geschäft betreiben"; ein anderer hoffte „eine Ackerwirtschaft später selbständig übernehmen zu können." In jungen Jahren war vielen die Selbständigkeit das erstrebenswerte Ziel gewesen; einem Presser, der gelernter Handwerker war, hatten dazu die Mittel gefehlt. Ein Berufsmusiker hatte sich gewünscht, Kapellmeister zu werden: der Zwang schnell zu verdienen hatte ihn Matrizenzieher werden lassen. Als nächstes zu erreichendes Ziel trachteten fast alle danach eine „recht gut bezahlte Stellung zu bekommen, was für eine ist ziemlich gleich".

So war das Streben vorwärts zu kommen, bessere Existenzbedingungen zu erreichen, der erfreuliche Grundton der meisten Antworten.

Printed by Libri Plureos GmbH
in Hamburg, Germany